山东交通学院2020年
博士科研启动基金资助成果

家庭农场
金融支持

JIATING NONGCHANG
JINRONG ZHICHI

王晓丽◎著

知识产权出版社
全国百佳图书出版单位
——北京——

图书在版编目（CIP）数据

家庭农场金融支持/王晓丽著. —北京：知识产权出版社，2021.10
ISBN 978 - 7 - 5130 - 7691 - 3

Ⅰ.①家… Ⅱ.①王… Ⅲ.①家庭农场—金融支持—研究—中国 Ⅳ.①F832.0

中国版本图书馆 CIP 数据核字（2021）第 176545 号

内容提要

本书以家庭农场的金融支持为核心问题，借鉴生产效率理论、产业组织理论、农业金融支持理论等，揭示了家庭农场发展在生产投资、金融需求、风险规避、信用构建等方面的运行机制，并从供给端的角度对组合性金融工具影响家庭农场发展的理论机理进行合理论证，从家庭农场融资约束、金融机构金融供给、政策部门金融政策支持等多个维度构建了家庭农场发展的金融支持理论分析框架。

本书适合家庭农场及金融机构等相关从业者阅读。

责任编辑：安耀东　　　　　　　　**责任印制：孙婷婷**

家庭农场金融支持

王晓丽　著

出版发行：**知识产权出版社** 有限责任公司	网　　址：http://www.ipph.cn
	http://www.laichushu.com
电　　话：010 - 82004826	
社　　址：北京市海淀区气象路 50 号院	邮　　编：100081
责编电话：010 - 82000860 转 8534	责编邮箱：anyaodong@ cnipr.com
发行电话：010 - 82000860 转 8101	发行传真：010 - 82000893
印　　刷：北京九州迅驰传媒文化有限公司	经　　销：各大网上书店、新华书店及相关专业书店
开　　本：720mm×1000mm　1/16	印　　张：12.25
版　　次：2021 年 10 月第 1 版	印　　次：2021 年 10 月第 1 次印刷
字　　数：200 千字	定　　价：78.00 元

ISBN 978 - 7 - 5130 - 7691 - 3

前　言

　　家庭农场是构建现代农业经营体系不可或缺的重要生产主体，是构建现代农业产业体系、生产体系、经营体系的重要参与者，家庭农场从产生到发展是一个综合性的系统工程。不同的金融工具手段在家庭农场运行机制的组成及其各组成部分在整个系统中的作用与功能具有差异性。家庭农场发展过程中需要通过相应的金融工具在资金融通、信用构建、风险规避、价格发现、技术运用等方面进一步支持与优化。

　　长期以来，由于我国家庭农场缺少合格的抵押品，难以从商业银行等正规金融机构获得生产所需的各类资金，使家庭农场在发展过程中面临着"融资难、融资贵"的困境，有效抵押品缺乏和担保制度不健全使得家庭农场贷款可得性降低，严重阻碍了家庭农场发展。同时，家庭农场经营所面临的自然风险与市场风险迫切需要通过农业保险政策工具和灾后救助等途径化解。因此，加快建立符合家庭农场金融需求的金融制度体系，创新组合性金融支持机制促进家庭农场发展，最终促进家庭农场发展是当前决策部门关注的重点问题。

　　本书借鉴生产效率理论、产业组织理论、农业金融支持理论等，揭示了家庭农场发展在生产投资、金融需求、风险规避、信用构建等方面的运行机制，并从供给端的角度对组合性金融工具影响家庭农场发展的理论机理进行合理论证，从家庭农场融资约束、金融机构金融供给、政策部门金融政策支持等多个维度构建了家庭农场发展的金融支持理论分析框架。

　　基于此，本书通过实地调研了解山东省济南市、青岛市和淄博市等17个主要城市中的120多个区、县、镇、乡、村家庭农场发展的融资约束与金融资源获取情况，并以发放调查问卷等方式获取了291个省级示范家庭农场的微观数据。最后，本书通过设计多元线性模型、截面门槛模型、工具变量分位数模型定量分析农业信贷、农业保险和土地经营权抵押贷款对家庭农场发展的作用效应，设计了适应家庭农场金融需求的组合性金融支持机制，这对于家庭农场发展而言，具有丰富的理论与现实意义。

　　本书意在抛砖引玉，为深化家庭农场金融支持研究尽一份绵薄之力。但由于本人的学识水平和研究精力有限，本书一定存在一些不足和纰漏之处，敬请各位同人和读者不吝指教。本书是山东交通学院 2020 年博士科研启动基金项目"乡村振兴背景下山东省家庭农场金融支持研究"（BS2020037）的研究成果，在研究与写作的过程中得到了许多单位和个人的关心与支持，在此，我向他们致以诚挚的谢意。

　　在本书出版之际，非常感谢我的博士生导师山东农业大学的陈盛伟教授，是他给予我宝贵的指导和鼓励；感谢我的博士同学在建模方面提供了特别有价值的建议和帮助；感谢安耀东编辑付出的辛劳和心血。

王晓丽

2021 年 4 月 20 日

目　录

第一章　引　言

第一节　选题背景与研究意义

一、选题背景

家庭农场是一种重要的现代农业微观经济组织，是构建现代农业经营体系不可或缺的重要生产主体。家庭农场最大的优势在于能够将小型农户经济转变为大规模农业生产经济。目前，我国家庭农场发展迅速，并在构建集约化、专业化、组织化、社会化相结合的新型农业经营体系中发挥出了重要作用。然而，受到自身生产特点以及相关政策的制约，我国家庭农场普遍存在着发展能力较弱、生产资金短缺、融资能力不强等特征。家庭农场作为现代化农业的新型经营模式，其发展需要一定的经营管理水平，丰厚的资金储备和风险防御能力也是家庭农场发展过程中必不可少的要素。现阶段，我国农村金融市场正处在一个逐步构建制度、完善市场、创新产品的关键时期，农村新型金融机构面临的风险较高，农村新型金融机构对家庭农场的金融供给只停留在政策层面而没有真正付诸实践，导致家庭农场存在严重的融资困难。因此，加快创新和发展与家庭农场金融需求相适应的金融供给组织、制度、产品与服务，对于提升家庭农场发展水平，促进我国农业经济与农村金融协调，进而实现农业的现代化发展至关重要。

农业一直是山东省的传统优势产业，山东省家庭农场虽然起步较晚，但发展十分迅速，截至 2020 年底，山东省家庭农场已发展到 7 万余家。2013 年 5 月，山东省政府出台了《山东省家庭农场落户试行办法》（以下简称《落户办法》）。《落户办法》对家庭农场进行了登记注册，确定了家庭农场的条件、规模和经营范围，明确了组织形式，以支持积极、鼓励、引导家庭农场建设的发展。自《落户办法》颁布后，山东省各市县因地制宜地调整措施，制定并实施相应的措施和政策支持，为家庭农场的发展奠定了良好的政策基础和发展环境。2017年，山东省《家庭农场省级示范场认定管理暂行办法》出台，旨在通过鼓励先进家庭农场的方式来树立典型案例，从而促进山东省家庭农场进一步发展。2018年5月，山东省政府印发《山东省乡村振兴战略规划（2018—2022年）》指出坚持家庭经营基础性地位，培育壮大新型经营主体，发展多种形式适度规模经营，推动家庭经营、集体经营、合作经营、企业经营的共同发展。2021年4月，山东省委农办、省农业农村厅等12部门联合印发《关于开展家庭农场培育行动的实施意见》，提出到2022年底，全省家庭农场数量达到8万家，其中省级示范场达到1000家，县级以上示范场达到6000家，支持家庭农场发展的政策体系进一步健全，家庭农场农业生产质量效益进一步提高，带动小农户增收致富能力进一步提升。

全国范围内探索家庭农场的做法中，山东是目前推动力度较大、配套政策较完善、金融服务较深入、金融支持作用效应较好的地区之一，以山东为研究样本，有助于更深入、更准确地了解家庭农场的现状和资金支持问题。因此，以山东为例进行研究在一定程度上具有较高的推广和应用价值。具体而言，本书选题的研究背景集中体现在以下三个方面。

1. 家庭农场发展迎来政策红利

自2004年以来，中央"一号文件"连续16年聚焦"三农"问题，一直强调发挥金融对于家庭农场等新型农业经营主体发展的催化剂作用。2020年2月6日，中共中央、国务院印发《关于抓好"三农"领域重点工作确保如期实现全面小康的意见》（以下简称《意见》），即2020年中央一号文件。《意见》明确指出"重点培育家庭农场、农民合作社等新型农业经营主体，培育农业产业化联合体，通过订单农业、入股分红、托管服务等方式，将小农户融入农业产业链"。家庭农场是现代农业生产体系的重要组织形式，也是推动农村生产力发展的重要载体，代表了现代农业的发展方向。目前，我国家庭农场发展迅速，并在构建集约化、专业化、组织化、社会化相结合的新型农业经营体系中发挥出了重要作用。随着国家相关政策逐步向家庭农场倾斜，国家采取奖励补助等多种办法扶持家庭农场，家庭农场将会出现爆发式发展。自2019年开始，我国启动了家庭农场培育计划，培育了一批规模适度、生产节约、管理先进、效益明显的农户家庭农场。我国农业农村部统计资料显示，截至目前，进入我国农业农村部名录的家庭农场为60余万家，较2013年增长了4倍多，土地经营面积接近2亿亩（1亩≈666.67平方米），总产值近2000亿元，年销售农产品的总值近2000亿元，平均每个家庭农场30多万元。家庭农场的生产类型具有多元化特征，其中，从事种植业、畜牧业、渔业、种养结合的家庭农场占所有家庭农场的比例分别为62.7%、17.8%、5.3%和11.6%。2021年3月6日，据农业农村部官网，为贯彻落实党中央、国务院决策部署，加快培育新型农业经营主体和服务主体，依据中办、国办印发的《关于加快构建政策体系培育新型农业经营主体的意见》《关于促进小农户和现代农业发展有机衔接的意见》等有关文件，农业农村部印发《新型农业经营主体和服务主体高质量发展规划（2020—2022年）》。计划到2022年，家庭农场、农民合作社、农业社会化服务组织等各类新型农业经营主体和服务主体蓬勃发展，现代农业经营体系初步构建，各类主体质量、效益进一步提升，竞争能力进一步增强。家庭农场经营的土地71.7%是来自流转、来自租赁，因此依法保障家庭农场的土地经营权非常重要，特别是维持流转土地的稳定性，包括租金水平，这直接关系到家庭农场的稳定经营。实践中，农户对于信贷支持、农业保险的需求也是非常强烈，特别是农业保险，因此下一步，将积极推动相关政策的落实落地，加快构建家庭农场发展过程中金融保险支持政策体系的完善。

2. 家庭农场发展面临融资难题

融资约束是当前制约我国家庭农场发展的一个重大现实问题。目前，我国家庭农场发展较快，但是家庭农场在我国仍属于新生事物，难免受到自身生产特点以及相关政策的制约，普遍存在着发展能力较弱、生产资金短缺、融资能力不强等特征。2019年2月11日，中国人民银行、中国银保监会、中国证监会、财政部、农业农村部联合发布《关于金融服务乡村振兴的指导意见》，明确提出重点做好新型农业经营主体和小农户的金融服务，有效满足其经营发展的资金需求，鼓励家庭农场等新型农业经营主体通过土地流转、土地入股、生产性托管服务等实现规模经营，同时，完善对家庭农场等农业经营主体的风险管理模式，增强金融资源可得性。所以，加快建立符合家庭农场金融需求的金融制度体系，有效缓解家庭农场融资难题，是当前决策部门和学术研究需要重点关注的问题。

3. 家庭农场发展伴随较大风险

家庭农场作为现代化农业经营模式的典型代表，其发展不仅需要一定的经营管理水平，而且需要丰厚的资金储备和风险防御能力。同时，家庭农场经营所面临的自然风险与市场风险迫切需要通过农业保险政策工具和灾后救助等途径进行化解。因此，加快建立符合家庭农场金融需求的金融制度体系，创新组合性金融工具的有效供给，提高家庭农场生产经营规模，提升家庭农场抵御风险能力，促进我国农业经济与农村金融的协调发展，最终实现我国农业现代化，是当前决策部门需要重点关注的问题之一。

鉴于此，本书结合山东省家庭农场的发展状况，通过采集山东省内相关家庭农场的数据资料，对家庭农场的经营状况和资金需求特点及其供给矛盾，进行深入的理论分析和实证研究，在金融组织体系、农村金融产品、风险分担机制和融资担保方式方面有所创新，进而破除家庭农场发展在金融支持方面的体制机制障碍。

二、研究目的

家庭农场发展是传统农业向现代农业转型发展的突破口和新路径。然而，融资难、融资贵、风险高等金融困境始终是家庭农场发展过程中所面临的瓶颈。具体而言，通过相关研究，本研究拟解答下述三个问题。

第一，构建家庭农场发展的金融支持理论分析框架。家庭农场的出现是一种特殊的制度安排，是原有的组织制度创新以节省交易费用和管理成本、寻求潜在的、更高的组织绩效，进而使得组织形式变迁的结果。家庭农场本质上是一种农业经营主体，具有投融资行为，对金融资源有着一定程度的需求。那么，作为农业规模化经营主体，家庭农场发展需要哪些要素？哪些金融工具对其发展起着主要的影响和作用？金融手段工具通过何种途径影响家庭农场发展，如何阐述不同金融手段工具对家庭农场发展的影响机制？对于上述问题的回答，有助于进一步丰富家庭农场的相关理论。

第二，分析金融工具对家庭农场发展的影响效应。家庭农场发展离不开金融资源的支持，家庭农场在发展过程中需要借助不同的金融工具手段来促进自身发展，实现可持续经营。那么，家庭农场是否能够有效利用金融工具手段促进自身发展？如何定量分析金融工具手段对家庭农场发展的作用效应？本书借鉴国内外前沿的计量实证方法，通过建立多元线性回归模型、截面门槛回归模型、工具变量分位数回归模型等计量经济模型，定量分析农业信贷、农业保险和抵押担保（这里指土地经营权抵押担保融资，其本质上也是农业信贷的一种，由于抵押品是土地经营权证，这与传统农业信贷不同，而且随着我国农业政策和金融政策的逐步完善和落实，土地经营权抵押贷款将会在家庭农场融资方式中占据越来越大的份额，所以有必要单独列出来进行分析）对家庭农场发展的作用效应，深入解析农业信贷、农业保险和抵押担保三类金融工具对家庭农场发展的贡献程度。

第三，设计家庭农场发展的组合性金融支持机制。家庭农场发展离不开金融机构、政府部门、农业社会化服务组织等的大力支持。所以，如何协调各部门、各要素之间的相互关系，使各自在促进家庭农场发展过程中发挥最大效用？如何充分发挥金融支持的积极效应，在实现金融资源优化配置的同时促进家庭农场发展？如何在已有金融工具的基础上设计更符合家庭农场发展的组合性金融支持机制？本书在结合家庭农场发展状况以及实证结论的基础上，充分发挥政府部门、商业银行、保险机构、担保公司等参与主体对家庭农场发展的积极作用，为家庭农场发展设计了组合性金融支持机制，有效解决家庭农场发展所面临的融资难度大、抗风险能力弱、发展程度低等问题。

三、研究意义

本书通过对家庭农场金融支持问题进行理论与实证研究，为促进家庭农场可持续发展提供理论指导、实践经验和政策参考，具体说来，本书的研究意义和价值体现在理论意义与现实意义两个方面。

1. 理论意义

首先，从多维度构建了家庭农场发展的金融支持理论分析框架。本书从农业信贷、农业保险和抵押担保三类金融手段工具各自发挥的基本职能出发，从理论上阐明了家庭农场运行机制的组成及其各组成部分在整个系统中的地位与作用。同时，通过剖析家庭农场发展的投融资体制运行机制，包括：投资行为、融资需求、金融支持等，借助博弈理论、交易费用理论、信息经济学等理论分析家庭农场发展过程中所面临的金融支持不足问题，构建了家庭农场发展的金融支持理论分析框架。

其次，基于功能性视角揭示了金融支持对家庭农场发展的影响机理。家庭农场的发展离不开持续的金融工具供给与有效的金融资源支持，作为农业规模化经营主体，家庭农场离不开大量资金投入。一般情况下，家庭农场日常经营过程中维持简单再生产所需的资金基本能够通过自身的方式达到供求平衡，但是想扩大再生产则需要更多的外部资金支持，而农业信贷的介入有助于满足家庭农场发展的资金需要。但是，家庭农场由于缺少合格的抵押担保，难以从商业银行等正规金融机构获得生产所需的各类资金，此时抵押担保工具的运用就显得十分必要，而当前学术界对于抵押担保支持家庭农场发展的理论机制少有涉及，理论研究仍有待进一步深化。此外，家庭农场由于农业生产周期长、受自然因素影响大，面临着较高的系统性风险，农业保险能够为家庭农场在生产经营过程中面临的主要风险提供损失保障，主要通过保险手段对农业生产风险所造成的损失进行补偿，是保障家庭农场发展的有力金融工具。鉴于此，本书分别从农业信贷、农业保险、抵押担保三种类型的金融工具手段出发，基于资金融通、风险分担、信用担保功能阐述了三者对于家庭农场发展的理论机制，为探讨金融支持家庭农场发展的效果改进的机制提供了理论依据，进一步丰富了金融支持家庭农场发展的理论研究。

2. 现实意义

首先，根据实地调研和问卷调查所获取的大量微观数据摸清了山东家庭农场发展的现状特征。山东既是工业大省，又是农业大省，山东开展家庭农场的试点工作时间较长。当前，加快总结山东家庭农场试点经验，加快对山东家庭农场金融支持服务的系统研究，分析山东家庭农场融资难、融资贵的根本原因，发展和创新山东家庭农场的金融产品与供给机制，无疑对于促进山东家庭农场发展具有十分重要的意义。同时，本书对山东省鲁北、鲁西、鲁中、鲁南和半岛地区的家庭农场进行调研，通过理论和实证分析家庭农场形成、投资行为、融资约束和金融支持状况等，剖析山东家庭农场发展面临的障碍和原因，这将有利于决策者更为客观、科学的制定支持家庭农场发展的相关金融政策。

其次，依托丰富实践调研厘清了金融支持家庭农场发展的现实运作模式。通过对被选择区域的家庭农场、商业银行、保险机构、担保公司、农业部门、财政部门等各对象展开了深入的实地调研工作，阐述了金融部门、农业部门、财政部门是如何充分利用各自的优势来促进家庭农场发展，通过何种金融工具、支农政策、财政补贴等模式助推家庭农场有效运行，如何充分解决家庭农场发展过程中的投融资难题等。本书对于家庭农场金融支持的研究，既能够掌握金融机构对当前金融支农相关政策的执行程度以及其金融供给偏好，又能够掌握金融工具的运用对有融资需求的家庭农场是否有效，继而从供给主体的角度揭示金融支持家庭农场发展的实际效果。

最后，借助共生理论、资源整合理论和协同理论，设计了家庭农场发展的组合性金融支持机制。本书在揭示家庭农场金融约束内在原因的基础上，加快金融机构支持家庭农场发展的政策研究，这有利于科学设计和有效实施农业金融产品体系的金融服务政策，使农业生产要素重新组合和优化。鉴于此，本书分别从抵押担保、风险补偿、财政支持三个方面探究了促进家庭农场发展的主要机制。本书通过科学设计农业社会化服务的金融服务制度，为有效推动家庭农场实现规模化、专业化、集约化、信息化"四化"经营提供决策参考，这对推进农村金融产品服务体系建设具有重要意义。

第二节　国内外研究现状与评述

"家庭农场"这一概念最早发端于国外，家庭农场生产模式最早出现在拉丁美洲、美国以及欧洲等农业发达国家，且经常与小农相提并论。根据世界粮农组织对家庭农场的定义，家庭农场（包括所有以家庭为基础的农业活动）是一种组织农业、林业、渔业、畜牧和水产养殖生产的手段，由家庭管理和经营，主要依靠家庭劳动（包括妇女和成年男性）共同进行经营管理的农业组织形式。近年来，随着农村经济持续增长，资本成为现代农业发展必不可缺的投入要素之一，家庭农场的发展与农村金融等生产要素的支持密不可分。但是，家庭农场由于缺乏资金使得自身发展面临极大困境，这在一定程度上阻碍了家庭农场的发展。目前，国内外学者关于金融支持家庭农场发展的研究集中体现在家庭农场发展的金融支持限制因素研究、家庭农场发展的金融支持工具适用性研究、家庭农场发展的金融支持工具效果研究以及家庭农场发展的金融支持制度政策研究四个方面。

一、关于家庭农场发展的金融支持限制因素研究

目前，我国金融支持家庭农场发展的限制因素主要体现在：家庭农场作为新型农业经营主体，法律上认定标准不明确，产权关系复杂，缺乏融资抵押物，难以符合金融机构的承贷要求，致使无法顺利向家庭农场提供金融支持。

付武临和陈宇（2014）在调查农民专业合作社，家庭农场发展、金融服务模式、融资需求等基础上，揭示了当前新型农村商业实体融资困难等现象。现阶段，金融无法满足家庭农场资金需要的主要限制在于，家庭农场运作不规范、空壳现象普遍存在、难以提供符合银行要求的抵押资产、单一的农村金融产品以及抵押担保"瓶颈"难以突破等问题。兰勇等（2015）指出当前金融

支持难以适应家庭农场发展的资金需求，主要表现为金融机构信贷支持与家庭农场需求之间具有明显差距，涉农资金对家庭农场的发展建设的支持不足，使得农村金融产品在推动家庭农场发展方面并没有发挥出应有的作用。康远品（2015）利用贵州省家庭农场以及涉农政府部门的实地调研数据，通过对家庭农场金融支持的融资模式、融资需求以及融资现状进行了深入分析，从制度性和机制性因素着手，指出要以政策性银行主导，其他中小型金融机构为辅助，搭建起政府、金融机构、村委、家庭农场"四位一体"的信用体系，从而促进金融机构对家庭农场发展的金融支持。王勇等（2016）认为家庭农场资产抵押品不足，难以增加家庭农场的金融信贷获批难度，所以也没有真正满足家庭农场的融资需求。邓道才等（2016）认为金融信贷手续复杂，较难找到合格的担保人是阻碍家庭农场向商业银行等金融机构申请金融信贷的主要原因。汪洋（2016）认为大力培育家庭农场就必须建立起多元化的融资担保模式，应加强政府补贴在家庭农场发展过程中的引导作用，大力发展新型合作金融组织，通过构建完善的信用体系和担保体系来满足家庭农场基本的金融服务需求。家庭农场发展受到土地、资金、政策、法律和技术等多个方面的影响（胡光志和陈雪，2015；何劲和祁春节，2017）。家庭农场为了提高生产能力、获得好的经营收益，需要在固定资产，例如，土地、厂房、机器设备等方面进行大量的投资，这些投资的回收期至少为 3 年，因此，资金需求期限以中长期为主，且呈现长期化的基本趋势（周孟亮和陈婷惠，2015；赵久爽，2015）。目前，我国各地区家庭农场对资金的具体需求情况虽然有所不同，但总体融资需求规模较大，满足度不高。农村金融机构非农化倾向日益明显，我国家庭农场面临着严重的融资约束（丁忠民等，2016；王建洪等，2018）。王亦明等（2016）认为随着家庭农场的范围不断扩大，其对保险、期货、租赁、债券等产品的需求也在逐步增加，指出增加保险、期货、租赁、债券等金融产品的供给有利于家庭农场发展。路征等（2016）认为家庭农场总体上表现出较为强烈的金融需求意愿。保险需求强度大于资金需求强度，有农业保险需求家庭农场占比高于有融资需求家庭农场占比。姜丽丽（2017）认为需要通过财政支持来优化正规金融机构的金融服务，通过民间借贷的规范运作满足家庭农场的融资需求，与此同时，尝试引入农业保险等自然灾害预防措施来保障家庭农场经营成果不受损失。王欣婷等（2017）认为互联网金融融资也可能成为家庭农场新的融资渠道，通过农业众筹融资、P2P 融资、大数据小额信贷融资、供应链融资等植入家庭农场经营的各个环节当中，从而满足家庭农场金融服务需求。邵川（2019）指出，当前我国家庭农场的投资规模大、资金需求多，既有季节性较强的短期融资需求，又有大规模的中长期融资需求，对贷款抵押模式的需求具有多样化特征。

二、关于家庭农场发展的金融支持工具适用性研究

随着研究深入，学者们试图从金融需求的角度揭示市场上金融工具的适用性问题。譬如，有学者研究了家庭农场对农业信贷的满意程度，指出影响家庭农场农业信贷满意度的因素集中在正规金融信贷交易成本、正规金融信贷服务质量、正规金融信贷设备的便捷程度以及正规金融信贷条款等多个方面（Stamatis et al.，2012；Peris，2014）。有学者从新古典经济学和新制度经济学视角分析了家庭农场农业信贷需求的决定因素（Ngaruko，2014）。另外，有学者的研究结果表明，影响家庭农场对金融工具满意程度的主要因素是商业银行提供农业信贷的便利性程度，引起不满的最重要因素是价格高昂的产品和服务，同时，家庭农场满意度低会影响金融工具的销量和家庭农场的选择行为。有学者利用 Probit 模型对影响土耳其家庭农场农业信贷满意度的因素进行了估计（Erdogan et al.，2016），结果表明：年龄、农民受教育程度、农场规模、家庭劳动力、财务比率、购买保险意愿、农业信贷可得性、信用卡使用等因素对农业信贷的满意度有显著影响。靳淑平和王济民（2017）的研究表明，我国家庭农场农业信贷供需不匹配的现象较为严重，主要表现在农业信贷需求规模供需不匹配，农场主农业信贷需求仅有 1/3 被满足，且存在 76% 的样本表示通过正规金融机构难以获取农业信贷等金融产品和服务。李明慧和陈盛伟（2017）研究了家庭农场对金融支持的满意度，认为家庭农场总体不太满意，研究结果显示经营者是否担任村干部、是否注册、金融机构多元化程度、开展信贷业务情况、服务流程、金融支持对家庭农场的帮助程度变量对满意度有显著影响。曹燕子等（2018）运用有序 Logit 模型对家庭农场主的农业信贷满意度进行了实证分析，研究结果表明农场主的文化程度、银行关系、家庭农场的示范等级、经营类型、经营规模、总资产、银行的服务态度以及政府的利率优惠政策变量对农场主农业信贷影响因素有显著正向影响。

三、关于家庭农场发展的金融支持工具效果研究

作为一种现代形式的农业生产组织，家庭农场有利于降低农业项目的生产总成本，促进农业资源的整合，与此同时，家庭农场生产的灵活性能够适应全

球市场经济复杂的需求（Reid and Margaret，2017）。总体而言，家庭农场对于农业、农村、农民的发展具有积极意义，金融支持下的家庭农场在发展中更具活力（Karlan，2014），在现代农业生产率提升的同时，家庭农场应对市场风险的能力也得到了加强，随着家庭农场规模的扩大，其可吸引更多的金融资源投入现代农业发展进程中，这对于农业经济发展无疑会产生积极作用。

家庭农场在发展中对金融服务的客观需求决定了金融机构必须进行金融产品和服务的创新，从而满足家庭农场多元化的融资需求。福尔兹（Foltz，2004）通过对家庭农场融资行为的研究，验证了银行信贷不仅可以有效提高家庭农场的平均收入水平，而且还能使得家庭农场各成员的福利最大化。查芬（Chaffin，2004）通过研究指出，美国金融机构对家庭农场的资金支持是家庭农场能够保持在世界农业生产效率前列的重要原因。在美国，大多数农场具有大规模、多样化、现代化的经营特点，其资金需求也呈现多元化的特征，金融机构唯有不断丰富金融产品供给才能推动其不断发展。

有学者从金融机构的经营绩效角度进行研究，得出金融机构发展能够有效提高家庭农场信贷可得性程度（Langford，2019），进而促进家庭农场收入和家庭成员福利水平的提高。汤普森（Thompson，2009）对美国农业金融支持的有关内容展开了深入的研究，认为美国农业金融支持对家庭农场营业收入的影响十分巨大，农村普惠金融制度有效保障了农场投资活动的顺利展开，例如，贷款低利率政策、农作物保险政策、财政补偿政策等都在一定程度上促进了家庭农场营业收入的增长，正是基于美国良好的金融政策环境，美国家庭农场的投资十分活跃。威亚吉（Viaggi，2010）通过建立家庭农场动态模型分析不同金融政策对于家庭农场的影响，认为家庭农场所面临的金融支持政策好坏将决定家庭农场经营利润的多寡。穆罕默德等（Mohammed et al，2017）采用结构方程对农业贷款和农产品生产效率之间的关系进行了实证研究，结果发现，高利率、农业信贷不足在一定程度上降低了家庭农场运营效率。

四、关于家庭农场发展的金融支持制度政策研究

家庭农场是现代农业发展的重要组织形式和主要推动力量，是我国现代农业发展的主要方向，家庭农场的发展离不开相关金融政策的大力支持。现阶段，家庭农场金融支持制度仍存在较大的改进空间，家庭农场融资制度的完善能够为一定规模的家庭农场提供专门的发展资金，并为具有一定相关资质条件的家庭农场提供相应的金融支持，从而保障家庭农场正常有序发展（朱兰，

2013）。

国内外大量文献对家庭农场的金融支持制度政策进行了深入探讨。齐默尔曼等（Zimmermann et al.，2009）基于美国农业信贷政策的现实背景，介绍了美国农业信贷政策在实施过程中的独立性，认为美国农村政策金融法能够有效解决农民和债权人之间的贷款纠纷和行政纠纷，同时，政府对家庭农场的财政补贴也为美国家庭农场的发展提供了良好的生产经营条件，使得美国家庭农场经济发展非常迅速。研究表明，美国一些低利率的政策性金融业务专门为小型家庭农场而设立，包括小额信贷、商业保险、金融担保公司等在对家庭农场的信用调查和信息收集方面具有先天优势，能够为美国一半以上的农场提供贷款。阿肖克（Ashok，2011）通过研究指出，美国农业的快速发展得益于有效地利用了农作物金融保险制度。政府通过扩大农业政策保险的覆盖范围来保障农业生产的顺利进行，家庭农场是农业政策保险的主要目标对象之一，这无疑对家庭农场的发展至关重要。因此，如何对家庭农场实施精准农业补贴，促进其实现良性发展，正在成为维护国家粮食安全的一个重大问题。克罗普和惠克特（Kropp and Whitaker，2011）也指出，财政补贴有利于加强家庭农场的金融可得性，尤其是对一些存在资金流动性约束的家庭农场而言，在减轻其生产成本投入压力的同时，增加粮食产量。乐施会（Tesfamariam，2012）提出储蓄和信用合作社是弥补农村金融市场空白的有效载体，使家庭农场能够以低于目前利率的成本获得信贷，从而影响到家庭农场的自我可持续发展能力。比约克·豪格等（Bjork haug et al.，2012）指出，家庭农场的产业弱质性特征明显，所以促进其发展的关键在于强化政府补贴、提供低成本贷款和构建更稳固的农业经营体制。萨姆纳（Sumner，2014）认为，由于多种农业之间错综复杂的关联和享受补贴的自我选择性，农业补贴的实施并没有显著对家庭农场的生产造成影响。

现阶段，我国金融支持家庭农场发展的金融政策也相当具有代表性，表现为相关的金融制度安排仅仅停留在如农村信用社、村镇银行等县域金融机构层面，并没有提高大型保险公司和抵押担保机构支农的积极性。所以，就目前国内关于家庭农场的金融支持政策研究来看，学者们纷纷指出我国家庭农场金融制度仍存在较大的不足，还有进一步完善的可能性。仝爱华和姜丽丽（2015）指出，在土地承包经营权确权颁证的基础上，积极推动土地承包经营权抵押贷款，可以有效破解大部分家庭农场缺乏有效抵押物的难题。王照涵（2016）指出，金融家庭农场的发展需要健全的财政支持政策，通过建立农村信用体系扩大融资渠道，降低家庭农场和各种新型的融资困难。王月梅（2016）指出，财政支持家庭农场发展需要发挥政府主导作用，通过营造宽松的政策环境拓展融资渠道，合理规范和引导"草根金融"，提供差异化金融服务，进一步完善家庭农场发展的资金支持机制。陈鸣和刘增金（2018）认为，应从金融机构改革入手搭建更为完善的农村金融服务体系，完善的金融制度体系有利于优化家庭农场的信贷服务环境，降低农业抵押担保融资门槛。吴成浩（2019）指出，目前我国家庭农场发展存在财政扶持力度较低、融资服务和产品结构单一、农业保险覆盖率不高等问题，需要从金融供给和需求角度进一步加强财政扶持力度、健全金融基础设施建设、创新农业信贷产品和金融服务，有效满足家庭农场对金融产品服务的差异化需求。

五、研究评述

本书通过梳理国内外关于家庭农场金融支持方面的研究，发现金融机构在家庭农场生产发展中确实发挥着不可估量的重要作用，而且金融机构对于家庭农场发展，乃至整个农村经济发展来说都发挥着重要的推动作用。世界上一些先进的发达国家，无论是美国，还是荷兰、日本，都有一整套完整的家庭农场金融支持政策，这体现在诸如贷款率政策、作物保险补贴政等方面。其中，贷款利率政策对于提高发展中国个家庭农场的发展水平是所有政策中最为有效的。为了进一步发展，家庭农场需要在资金融通、信用构建、风险规避、土地流转、规模扩张、技术利用、品牌推广和市场营销等方面获得相应的金融支持。众所周知，目前，我国家庭农场是一种新型农业企业组织，在认证标准、工商登记等方面缺乏配套政策，缺乏质量抵押和风险共享机制，尚未建立其获得金融机构信贷支持的相关因素条件，家庭农场面临巨大的融资困境和经营风险。综上，国内外学者也给本书留下了较为丰富的剩余研究空间。

第一，已有研究对于家庭农场发展所需要的金融工具的研究相对单一。家庭农场作为新型农业经营主体的重要组成部分，是构建现代农业产业体系、生产体系、经营体系的重要参与者，具有系统性、综合性、组织性等生产经营特征，不仅需要资金、金融、土地等基本生产要素，而且需要政府补贴、先进技术、管理人才等要素的大力支持。总体而言，家庭农场从生成到发展是一个综合性的系统工程。因此，在家庭农场发展过程中，单凭农业信贷这一金融工具不能够完全支撑家庭农场发展，不同的金融工具手段在家庭农场运行机制的组成及其各组成部分在整个系统中的地位与作用具有差异性。本书通过对已有文献进行梳理发现，由于农村金融机构非农化倾向日益明显，农村金融机构在支持家庭农场等新型农业经营主体发展的过程中主要扮演"抽水机"的角色，即通过源源不断地吸收家庭农场等农业经营主体资金等资源要素来促进城市地区发展，这也进一步加深了家庭农场等农业经营主体所面临的"金融抑制"程度。对于家庭农场所面临的金融约束情况，已有研究指出如果家庭农场能够提供相应的固定资产作为抵押担保，就能够增强其金融资源获取能力。但是，学界对于家庭农场发展所需要的金融手段工具研究相对欠缺。鉴于此，本书借鉴了博弈理论、交易费用理论、农业金融支持理论等经典理论，从农业信贷、农业保险和抵押担保三类金融手段工具各自发挥的基本功能出发，基于资金融通、风险分担、信用担保功能的视角阐述了农业信贷、农业保险和抵押担保三类金融手段工具对于家庭农场发展的理论机理，构建了家庭农场发展的金融支持理论分析框架，丰富了金融支持家庭农场发展的理论研究。

第二，已有研究缺乏金融支持家庭农场发展的微观调研数据的支撑。目前，家庭农场经营还没有实际经验，大多是在整体层面上的概括性研究，更谈不上全面的第一手资料。因此，目前对家庭农场的定性研究较多，定量研究较少，基于实证分析和案例研究的文献较少。家庭农场的发展是一个不断实践的过程，从微观层面研究农场管理的认识和行为，比从宏观政策层面研究更具有现实意义。已有研究大多数没有从家庭农场发展的实际需要出发，缺乏对现代农业投融资体制机制和政策环境进行系统的探索。为了使收集的数据更具代表性和真实性，本书对被选择区域的家庭农场以及各相关部门展开了深入的实地调研工作，分析了家庭农场融资难、融资贵的根本原因，揭示了家庭农场金融需求与金融供给的现状特征，阐述了典型地区的金融部门、农业部门、财政部门等如何充分利用各自的优势来促进当地家庭农场发展，剖析了当前家庭农场发展过程中所遇到的发展难题。

第三，已有研究在金融支持家庭农场发展的机制设计方面相对不足。目前，国内外关于家庭农场的金融支持制度研究多集中在家庭农场的财政政策和金融政策制定之上，如农业信贷政策、保险补贴政策、税收优惠政策等。对于家庭农场发展的微观机制研究还不够系统和全面，学者们对于家庭农场的资金融通机制、风险分担机制、抵押担保机制等方面的研究相对不足，缺乏金融支持影响家庭农场发展的整体研究，也没有设计相关的金融支持机制，使得家庭农场在发展过程中缺乏有效指导。鉴于此，本书分别从抵押担保、风险补偿、财政支持等方面探究了促进家庭农场发展的主要机制，通过科学设计组合性金融支持机制，有效推动家庭农场实现规模化、专业化、集约化、信息化"四化"经营，最终促进家庭农场发展。

第三节　研究内容、研究方法与技术路线

一、研究内容

本书的研究内容可以概括为以下几部分。

第一章，引言。首先主要介绍本书的选题背景、研究目的、研究意义和文献综述，在介绍本书研究背景和意义的基础上，通过回顾已有相关研究对家庭农场进行文献述评。紧接着，总结已有研究的主要贡献及不足之处，并指出已有研究需要深化与完善的方面。

第二章，家庭农场发展的金融支持理论研究。首先，通过对家庭农场、金融支持和金融工具的基本概念和特征的探讨，探索界定家庭农场内涵把握的侧重点。其次，通过借鉴相关经典理论为后续的分析提供理论基础。本章通过借鉴已有学者的研究成果，明确了家庭农场发展所需的金融工具，分析了金融工具支持家庭农场发展的理论机制，构建了金融支持家庭农场发展的分析框架，为后续章节的相关研究奠定理论基础。

第三章，家庭农场发展的金融支持现状与问题分析。首先，设计针对家庭农场的调查方案，介绍家庭农场的样本选择方式，包括调查内容、对象、方法、样本等，并对家庭农场投融资状况、金融支持状况、财政支持状况等进行详细分析与评价，指出家庭农场发展所存在的问题。

第四章，家庭农场发展的农业信贷支持实证研究。本章基于农业信贷对家庭农场发展的理论机制分析和研究假说，运用多元线性回归模型、截面门槛模型、工具变量分位数回归模型实证分析农业信贷对家庭农场发展的作用效应。

第五章，家庭农场发展的农业保险支持实证研究。本章基于农业保险对家庭农场发展的理论机制分析和研究假说，运用多元线性回归模型、截面门槛模型、工具变量分位数回归模型实证分析农业保险对家庭农场发展的作用效应。

第六章，家庭农场发展的抵押担保支持实证研究。本章基于抵押担保贷款支持家庭农场发展的理论机制分析和研究假说，运用多元线性回归模型、截面

门槛模型、工具变量分位数回归模型实证分析抵押担保贷款对家庭农场发展的作用效应。

第七章，家庭农场发展的组合性金融支持机制设计。本章主要设计组合性金融工具支持家庭农场在抵押担保、风险补偿、信用构建等方面发展，从而为相关部门的决策提供政策指导。

第八章，研究结论与研究展望。本章首先对本书的研究内容及相应的研究结论进行归纳和总结，然后指出本书选题还可以进一步深入研究的方向和问题。

二、研究方法

结合本书的研究内容、研究对象以及研究数据，本书采用如下研究方法。

1. 理论研究法

通过研读国内外文献，了解国内外研究动态和不足，为本书研究提供重要的研究素材，在借鉴已有学者的理论成果基础上，针对金融支持家庭农场发展的主要工具、家庭农场发展的基本条件、家庭农场发展的现状分析、金融支持家庭农场发展的实证方法等设计相应的研究方案。

2. 问卷调查法

本书将选择山东各市、区、县部分家庭农场作为研究对象，对山东各市、区、县部分家庭农场的金融供需状况进行调研，运用问卷调查和访谈调查法对山东各市、区、县部分家庭农场建设的效果、经验、问题和根源进行探究，本书通过对山东各市、区、县家庭农场建设特点，分析山东家庭农场金融支持现状与存在问题。

3. 计量分析法

本书基于实地调研获取的截面数据，通过构建有序选择模型、排序选择模型、门槛效应回归模型、工具变量分位数回归模型等计量经济模型，定量分析家庭农场农业信贷、农业保险和抵押担保贷款对家庭农场发展的作用效应。

三、技术路线

根据相关研究思路和研究内容，本书绘制了技术路线图，具体如图 1.1 所示。

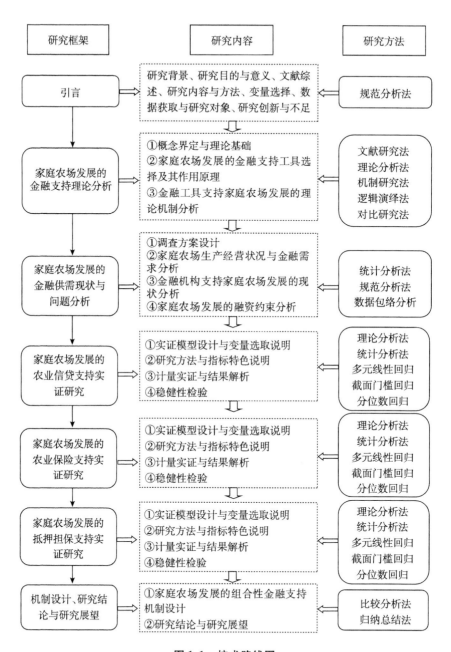

图1.1 技术路线图

第四节　研究对象与数据获取

一、研究对象

城市经济与农村经济是不可分割的经济"集合体"，二者相互促进、相互依存、相互影响，绝不能放弃或牺牲农村经济而发展城市经济。现阶段，发展适度规模的家庭农场符合由传统农业向现代农业转变的客观规律，是适应我国农业和农村发展阶段和形势的生产组织方式。然而，我国家庭农场在发展中普遍面临融资约束，影响家庭农场的可持续发展。因此，需要充分了解家庭农场的金融需求和当前金融机构的支持情况，通过构建组合性金融支持机制更好地促进家庭农场融资需求的满足，从而实现可持续发展。目前，本书难以获得家庭农场在全国范围内的样本数据。需要采用实地调研的方式来获得家庭农场的微观数据。家庭农场的调研需要耗费大量的人力、物力与财力，受各方资源的限制，本书的研究只能选择具有典型代表性的区域作为样本数据的来源。

山东省家庭农场虽然起步较晚，但发展迅速。2021 年 3 月 6 日，据农业农村部官网，为贯彻落实党中央、国务院决策部署，加快培育新型农业经营主体和服务主体，依据中办、国办印发的《关于加快构建政策体系培育新型农业经营主体的意见》《关于促进小农户和现代农业发展有机衔接的意见》等有关文件，农业农村部印发《新型农业经营主体和服务主体高质量发展规划（2020—2022 年）》。计划到 2022 年，家庭农场、农民合作社、农业社会化服务组织等各类新型农业经营主体和服务主体蓬勃发展，现代农业经营体系初步构建，各类主体质量、效益进一步提升，竞争能力进一步增强。家庭农场经营的土地 71.7% 是来自流转、来自租赁，因此依法保障家庭农场的土地经营权，这一条非常重要，特别是流转土地的稳定性，包括租金水平，这直接关系到我们家庭农场的稳定经营。实践中，农户对于信贷支持、农业保险的需求也非常强烈，特别是对于农业保险。相关政策的落实落地，对加快构建家庭农场发展过程中金融保险支持政策体系的完善具有重要意义。

在全国范围内探索家庭农场的做法中，山东是目前推动力度较大、配套政策较完善、金融服务较深入、金融支持作用效应较好的地区之一，以山东为研究样本，有助于更深入，更准确地了解家庭农场的现状和资金支持问题。同时，山东家庭农场所面临的融资约束较大，难以满足山东家庭农场发展的需要，这些特点与我国整体情况较为类似。因此，以山东为例进行研究在一定程度上具有较高的推广和应用价值。需要特别说明的是，山东政府对家庭农场的培育主要集中在近几年。各地区家庭农场养殖的认知、培养、政策制定和家庭农场发展水平参差不齐，为保证研究结果的精准性，我们选择具有代表性的省级示范家庭农场为研究样本。同时，鉴于数据获取以及数据剥离的难度，本书对于家庭农场金融需求的研究，没有针对样本家庭农场的规模大小和生产类型进行区分。

二、数据获取

由于家庭农场相关支持政策实施时间较短，目前没有大量的宏观数据可查，因此，本书采用问卷调查、访谈调查和实地考察相结合的调查方法来收集数据。

本书一共进行了两轮调查，第一轮在 2019 年 6 月至 8 月对被选择区域的家庭农场展开了问卷调查和实地调研，一共发放问卷 291 份，回收有效问卷 291 份，有效样本率达到 100.00%。此外，本书调研的主要对象是山东省省级示范家庭农场，此类家庭农场的示范和带动作用较为突出。

第二轮在 2019 年 10 月至 12 月对被选择区域的农村金融机构和相关政府部门进行了问卷调查和实地访谈。对被选择区域的涉农商业银行各个方面展开了问卷调查，主要选择了上述各类银行的市分行或总行，样本主要涉及济南市、青岛市、济宁市、烟台市、枣庄市、德州市、滨州市、淄博市、莱芜市等的主要涉农金融机构，共 16 家样本金融机构，对金融机构开展各类抵押贷款的意愿进行了调查。

第五节　创新与不足之处

一、创新之处

本书运用理论分析、数理方法和计量分析等方法探究了家庭农场投资行为特征、金融约束特征以及金融支持效应，尝试构建家庭农场发展的组合性金融支持机制设计，与已有研究相比，本书的研究具有一定的探索性和创新性。

第一，构建了家庭农场发展的金融支持理论分析框架。对于家庭农场所面临的金融约束情况，已有研究指出其原因在于缺乏合格的抵押品，当家庭农场能够提供相应的固定资产作为抵押担保，就能够增强其金融资源获取能力。然而，家庭农场作为规模化经营主体，具有投资规模大、周期长、风险高等经营特征，在金融资源获取能力方面远远高于普通农户。因此，家庭农场在获取金融资源方面不仅仅是缺乏合格的抵押品。要探究家庭农场发展缓慢的根本原因，就需要站在家庭农场的视角，分析其发展特征，揭示金融工具影响家庭农场的理论机制。目前有关于家庭农场金融支持的研究缺乏理论分析框架的构建。鉴于此，本书借鉴生产效率理论、产业组织理论、农业金融支持理论等，揭示了家庭农场发展在生产投资、金融需求、风险规避、信用构建等方面的运行机制，并从供给端的角度对组合性金融工具影响家庭农场发展的理论机理进行合理论证，充分了解家庭农场对当前金融支农相关政策的认知程度及其金融资源偏好，从家庭农场融资约束、金融机构金融供给、政策部门金融政策支持等多个维度构建了家庭农场发展的金融支持理论分析框架。此外，本书还设计了家庭农场发展的组合性金融支持机制。当前研究多集中在家庭农场的财政政策和金融政策制定上，例如农业信贷政策、保险补贴政策、税收优惠政策等，对于家庭农场发展的微观机制研究还不够系统和全面，对于家庭农场的资金融通机制、风险分担机制、抵押担保机制等方面的研究相对不足，缺乏金融支持影响家庭农场发展的整体研究，也没有设计相关的金融支持机制，使得家庭农场在发展过程中缺乏现实指导。为此，本书从抵押担保、风险补偿、财政补贴等方面设计了家庭农场发展的组合性金融支持运行机制，为家庭农场发展营造良好的金融生态环境，也为决策部门制定相关的政策提供了宝贵的实践经验与决策参考。

第二，丰富了家庭农场发展的金融支持工具研究。家庭农场发展需要资金、金融、土地等基本生产要素，而且需要政府补贴、先进技术、管理人才等要素的大力支持。不仅如此，家庭农场在信用构建、风险规避、价格发现、技术运用等方面需要通过其他金融工具来进一步优化与支持。本书通过对金融支持家庭农场发展效果的相关文献进行梳理，发现学者们主要基于银行信贷来探讨其对家庭农场发展的影响效应，对于家庭农场发展所需要的金融手段工具研究相对欠缺，特别是对于土地抵押担保贷款支持家庭农场发展的研究还处于起步阶段。家庭农场从生成到发展是一个综合性的系统工程，不同的金融工具手段在家庭农场运行机制的组成及其各组成部分在整个系统中的作用与功能具有差异性。鉴于此，本书从农业信贷、农业保险和抵押担保三类金融工具各自发挥的基本职能出发，基于资金融通、风险分担、信用担保功能的视角阐述了农业信贷、农业保险和抵押担保三类金融工具对于家庭农场发展的理论机理，进一步丰富了家庭农场发展的金融工具支持研究。

第三，扩展了金融支持支持家庭农场发展的实证方法。目前，学术界对家庭农场的定性研究较多，定量研究较少，基于实证分析和案例研究的文献较少。以往相关研究之中，学者们一般是采用多元回归模型研究金融支持和家庭农场发展之间的关系。但是，基于普通最小二乘法的多元回归模型对变量数据的分析精度不足，不能考察金融支持家庭农场发展的非线性效应特征，使得研究结论缺乏一定的适用性。鉴于此，本书运用数据包络分析法对家庭农场投资效率进行评价；运用多元线性回归模型、截面门槛模型和工具变量分位数回归模型研究了农业信贷、农业保险以及抵押担保支持家庭农场发展的影响效应，从而有助于通过金融支持手段引导家庭农场发展。

二、不足之处

不可否认，由于笔者能力及时间限制，对研究内容的结构和分析的科学性和严谨性需要加强，未来对家庭农场金融支持的相关研究仍需要不断学习、深化，本书的不足主要表现在以下三个方面。

第一，受限于研究时间和工作精力，本书没有对家庭农场的规模大小和生产类型进行区分性研究，也没有对目前其他省份家庭农场展开横向比较，这些还需要进一步补充研究，以便于充实和改进完善本书的相关研究。

第二，由于目前我国家庭农场金融体系构建还不完善，家庭农场融资约束问题是一个复杂而庞大的经济系统，无论是从实际案例数据资料方面，还是从统计数据资料分析层面，关于家庭农场方面的数据资料仍然较为匮乏，这对理论分析都会造成一定影响。

第三，由于数据获取难度较大，本书没有对将来可能会影响家庭农场融资的其他工具，例如信托、租赁、期货等进行尝试性的探讨，期待后续研究能够在此方面不断进行补充、整理和完善，从而进一步丰富家庭农场金融支持的理论与实证研究。

第二章　家庭农场发展的金融支持理论研究

　　家庭农场作为新型农业经营主体的重要组成部分，是构建现代农业经营体系的重要载体。家庭农场的发展离不开金融机构的大力支持，更与金融工具密不可分。长期以来，我国农村金融发展落后于城市金融，除了农业自身的弱质性原因，还因为我国目前没有建立一个适应农村多层次需求的金融制度体系，家庭农场经营所面临的自然风险与市场风险迫切需要通过农业保险政策工具和灾后救助等途径进行化解。因此，要全面认识金融支持家庭农场发展的相关问题，揭示金融支持家庭农场发展的理论机理，不仅要对家庭农场的基本范畴有清楚的认识，而且要对金融支持家庭农场发展的具体金融工具有明确的概念界定，还要借鉴相关理论厘清金融支持家庭农场发展的实现条件与理论机制。基于此，本章主要从两个部分展开相关研究，一是对家庭农场、金融支持和金融工具的概念内涵、基本特征、功能作用等进行阐述；二是对国内外关于农业经济管理领域的相关理论，主要包括生产效率理论、产业组织理论、交易费用理论、农业金融支持理论进行梳理和借鉴。

第一节　概念界定

一、家庭农场

　　"家庭农场"这个词汇最早源自欧美地区的发达国家。西方认为"农场"是指经营一定单位的土地，对于经营土地的面积大小没有区分。而在欧美国家，一般的农场经营规模比较大，可以达到几万公顷甚至几十万公顷。我国对"家庭农场"的定义是强调具有一定的规模，以此区别于传统的户均三五亩的小农分散经营方式。家庭农场主要是由农户及其家庭成员组成的基本生产单位，其主要是以利润最大化为目标，通过适度规模的农业经营、生产、加工与销售，实现自主经营、自负盈亏的经济组织。家庭农场管理活动是使普通农民与家庭农场区别开来的重要特征。我国农业部将"家庭农场"定义为以农民及其家庭成员运用规模化、集约化、现代化、商业化的生产经营方式来生产的一种新型农业经营主体。

2013 年 3 月 18 日，我国农业部办公厅发布的《关于开展家庭农场调查工作的通知》详细解释了家庭农场的定义，具体如下：① 家庭农场经营者应有农村户口登记。② 以家庭成员为主要劳动力。即：非常年度员工或常年员工的数量不超过家庭农民的数量。③ 主要以农业收入为基础，即农业净收入占家庭总收入的6%以上农场。④ 经营规模已达到一定标准，相对稳定。对于粮食作物，合同期超过 5 年的租赁管理期或土地管理区将达到至少50 亩（两年种植面积）或 100 亩（一年种植面积）。经济作物与水产养殖，种植，养殖相结合，应当符合县级以上地方农业部门确定的规模标准。⑤ 家庭农场经营者应接受农业技能培训。⑥ 家庭农场的商业活动具有较为完整的财务收支记录。

总体而言，本书将家庭农场定义如下：家庭农场是指具有独立市场决策行为能力的家庭，以农业规模化生产为基础，主要通过土地流转实现适度土地规模经营，主要从事农、林、牧、渔、农产品加工、农业社会化服务等与农业相关的生产经营活动，具有规模化、专业化、集约化、信息化等主要特征，以实现利润最大化的新型农业经营主体，表 2.1 概括了家庭农场的要素特征、生产界定与具体性质。

表 2.1　家庭农场概念的界定

概念界定	要素特征	生产界定	具体性质
家庭农场	组织主体	具有独立市场决策行为的家庭组织	排他性
	组织模式	企业化组织模式	限制性
	经营领域	农、林、牧、渔、农产品加工、农业社会化服务	综合性
	经营规模	当地人均耕地面积 50 倍以上	参考性
	市场参与	商品化率高	限制性

为了更好地界定和区分家庭农场与其他农业经营主体之间的概念，有必要对专业大户、农民专业合作社（以下简称"农民合作社"）和农业产业化龙头企业（以下简称"农业企业"）这几个新型农业经营主体进行进一步界定。

1. 专业大户

专业大户是指承包的土地达到一定规模，并具有一定专业化水平的新型农业生产经营主体。专业大户种养规模要明显大于普通农户，而且围绕某一种农产品从事专业化生产，规模大、专业化是专业大户的典型特征。专业大户的本质是农户，无须办理工商登记，除自有承包地外，专业大户的土地也可以通过土地流转获得。与家庭农场相比，专业大户经营规模较小，通常有季节性雇用劳动力或常年雇用劳动力的需求，而且专业大户自然人的身份，使其在银行信贷、市场谈判、产品营销等方面存在一定的劣势，这在一定程度上削弱了专业大户的金融需求程度，只能考虑通过以自有资金为主的形式来从事农业生产。

2. 农业企业

农业企业是我国农业生产经营的重要组织形式，是依法成立的从事商业性农业生产经营、自主经营、自负盈亏的经济组织。农业企业作为一个正式的组织，有着明确的层级关系、规章制度、分工方式，是以合同为基础的生产组织。农业企业的组织形式可分为合作农业企业和公司农业企业。目前，在我国农村土地集体所有制条件下，农业企业生产要素投入主要来自外部，而自身生产要素投入较少。譬如，农业企业的土地来源主要通过向农户流转而来，除少数管理人员外，农业企业所需的劳动力也主要来自农村地区，企业主很少直接从事农业生产劳动，主要从事农业产品生产、加工、销售等工作，农业企业的资本金也有相当一部分是非投资性资本，有着明确的资本回报率。

3. 农民合作社

农民合作社是在农村土地家庭承包经营的基础上，建立在自愿、共同、民主管理的同类农产品的生产经营者或同类型的农业生产经营服务的提供者、使用者和互助性经济组织。农民合作社与家庭农场的组织模式不同，农民合作社主要通过农民或同类农产品企业的联合生产经营，实现农业的适度规模经营。家庭农场是家族成员共同的组成的农业经营主体，因而家庭经营是家庭农场的主要经营模式。

二、新型农业经营主体

所谓"新型"是以中国家庭承包责任制改革后所改革形成的农民小规模分权经营（成为传统农业经营模式）为基础的，是创新发展的基础。传统的农业管理方法。"农业经营"的含义较广，基本内涵是基于自身和社会需要，根据利润最大化的目标，农产品生产，加工，销售等管理活动。农业管理系统涉及农业管理对象、业务内容、管理方法、管理方法和操作系统。它是现代农业建设的决定性因素，也是衡量农业发展水平的主要指标（蔡元杰，2013）。综合来看，新型农业经营管理体制可以理解为，基于农村家庭承包责任制的农业管理体制，符合农业和农村发展的新变化，通过自发或政府指导形成的各种农产品的生产和加工、销售和生产服务主体及其关系的总和，是农业生产和管理实体、社会服务实体和一系列政策体系的整合。在此基础上延伸出了关于"新型农业经营主体"的概念。那些专门从事现代农业生产性经营活动的各种营利性组织，包括种养大户、家庭农场、农民专业合作社、新型农民、农业龙头企业、农业产业化联合体等，通常被理论和决策层称为"新型农业经营主体"。

三、金融支持

目前，学术界对"金融支持"这一概念的界定还未形成一致的观点。有部分研究认为，金融支持一般是指根据某种特定标准（如政府改革的需要等）来运作的一种信贷政策或货币政策来扶持市场经济主体的发展，这就是从狭义概念上理解的金融支持。从广义上来说，金融支持就是指国家各级金融机构和金融监管部门，在各自的经济业务和职责范围内，为实现经济增长、社会进步以及各项事业发展而制定的各种金融政策和工具手段的总和。

金融是现代经济的核心，金融支持与经济增长之间具有一种天然的内在联系，这一点也可以通过金融支持对农村经济发展来进行分析。众所周知，金融支持本质是金融机构借助自身的金融行为来实现并促进资本产出率和经济运行效率的提升，从而能够缓解资金供需双方之间的矛盾，支持农村经济发展（刘丽伟和高中理，2015；张玄等，2017；李涛和梁晶，2019），提高金融支持力度有助于促进农村地区经济增长（刘金全等，2016；张乐等，2016；黄红光等，2018）。

总体而言，本书金融支持的内涵可概括为：金融支持是指国家各级金融机构和金融监管部门为社会进步和国民经济发展，在各自的经济业务和职责范围内，有针对性地开展工作和出台专门政策和措施，譬如，贷款优惠条件、办理金融业务的便利条件、提供外汇结算、政府给予贷款贴息、扩大贷款抵押物范围、支持进入金融市场等来促进各类市场经济主体发展的金融政策和工具手段的总和。从本书的角度来看，由于家庭农场是生产的主体，金融支持的具体内涵就是通过金融机构为家庭农场相关支持，即通过对家庭农场的资金支持来缓解其融资约束，通过对家庭农场给予风险补偿减少其经营风险，进而促进家庭农场扩大经营规模，通过为家庭农场提供有效的抵押担保品来提升家庭农场生产效率，提供家庭农场收入水平，最终促进家庭农场发展。

四、金融工具

目前，学术界对"金融工具"这一概念的界定基本形成了一致的观点，但是关于"金融工具"的类型、定位、功能在实践中仍处于不断丰富和深化的过程中。根据国际会计准则第 32 号的定义，金融工具是资金供求双方签订的合约，这一合约的签订使得金融工具的发起方即借款方会产生金融负债，而投资者会产生相应的金融权益。在国内，学者们普遍认为金融工具是一种"信用工具"或"交易工具"，是具有法律效力的契约。马涛（2014）、陶虹伶（2018）对金融工具的内涵进行了系统总结，指出金融工具是一项有结算义务的合约，是指某一主体向另一个主体交付现金或者金融资产，或者在潜在不利的条件下，与另一主体交换金融资产或金融负债的合同义务；如果主体将用或可用自身权益工具结算，那么要分析该金融工具是否为衍生工具，如果是非金融衍生工具，主体应承担交付可变数量的自身权益工具的义务，如果是金融衍生工具，主体应用固定数额的现金或者其他金融资产换取固定数量的自身权益工具以外的其他方式进行结算。从狭义层面来看，金融工具主要包含固定收益证券、权益性证券以及衍生证券等，主要有股票、期货、黄金、外汇、保单等（王霞，2012；陈辉，2013；吴晓灵，2019）。从广义的角度来看，金融工具主要指金融机构根据某一类市场主体需求所提供的金融产品或服务，此类金融产品或服务在具体的经济活动中能够发挥出不同的功能，能够实现不同的目的，能够有利于促进市场主体发展，例如：融资、避险、增信等功能和目的。

综合上述观点，本书将金融工具定义为：金融机构根据某一类市场主体需求所设计的金融产品或服务，交易主体主要以共同签订的合约为依据，通过履行合约规定的内容和义务，享受合约规定的各项权利，最终实现交易主体互利共赢的手段工具。鉴于金融工具的具体产品形式较多，涵盖范围较广，包括股票、期货、信贷、保险、抵押担保、期权期货、支付结算、互联网金融、金融衍生品等诸多方面的内容，本书难以全面深入研究金融支持的各种具体金融产品对家庭农场发展的影响效应。本书只能以抽象层面的金融工具概念进行相关研究。选取了三类主要的金融工具——农业信贷、农业保险和抵押担保（这里指土地经营权抵押担保融资，其本质上也是农业信贷的一种，由于抵押品是土地经营权证，这与传统农业信贷不同，而且随着我国农业政策和金融政策的逐步完善和落实，土地经营权抵押贷款将会在家庭农场融资方式中占据越来越大的份额，所以有必要单独列出来进行分析）来进行家庭农场金融支持发展的理论和实证分析，重点研究三类金融工具对家庭农场发展的影响效应，并在此基础上设计家庭农场发展的组合性金融支持机制。

第二节　理论借鉴

一、生产效率理论

1. 理论的核心内容

生产效率理论是经济学的重要理论之一，提高生产效率是家庭农场发展中不可忽视的重要因素。经济学的基本假设之一是理性经济人在其个人目标中"效用最大化"，行为经济主体通过市场自由竞争的价格机制调整和优化资源配置，进而带动整个社会福利的增加。根据古典经济学派的生产效率理论，在市场经济不发达的早期，各生产主体之间的竞争可以看作效率提高的具体表现，因为竞争可以促进财富的积累，增加从事生产的劳动力数量，在促进分工的同时提高劳动生产效率。这意味着，分工是必然的趋势，有利于提高生产效率，学者们还将其称为"分工效率"。

新古典主义经济学倡导者继承了古典经济学的市场竞争思想，并提出了完全竞争的条件下，每个市场主体都可以实现均衡，也就是说，市场经济的运行效率达到最高，但该学派假定组织内部均是有效率的，认为资源配置效率是经济效率，主张运用"边际""均衡"等概念来研究生产效率问题，只有当边际收入等于边际成本时，市场才能实现均衡，社会资源配置才能达到最优。这一时期，新古典经济学派还提出了对至今影响最大的"帕累托最优"（Pareto Optimality），抑或是"帕累托效率"（Pareto Efficiency），是资源配置理想化的一种均衡状态，指假定固有的一群人和可分配的资源，从一种分配状态到另一种状态的变化中，在没有使任何人境况变坏的前提下，使得至少一个人变得更好。同时，新古典经济学派的效率思想重点关注如何实现既定资源约束下的配置最优化问题，这对于分析经济行为主体决策过程具有一定的解释能力。

　　现阶段，随着新制度经济学、博弈论与信息经济学、数据包络分析等理论的引入，生产效率理论也得到了进一步完善和丰富。学者们指出，经济效率即为资源的利用效率，反映社会在现有的资源约束下开展生产活动，其反映了既定目标约束下的经济组织的生产能力，具体可以分为并等于技术效率与配置效率之和，进而提供的效用或福利满足程度，并开创性地将博弈论引入组织内部行为及心理研究的先例。同时，学者们还指出，市场经济主体在追求单个经济主体的目标实现程度的过程中，可能会引致市场失灵，这就需要政府为经济主体追求经济效率提供良好的制度条件，这一观点也逐步纠正了市场是万能的观点，极大丰富了现代效率理论的内涵。此外，为了有效研究市场经济主体的效率问题，数据包络分析法也逐渐被推广和使用，数据包络分析最早由茶恩斯、库珀、罗德斯（Charnes，Cooper，Rhodes，1978）提出，经过班科、茶恩斯、库珀（Banker，Charnes，Cooper，1984）对模型的深化，该模型从最初的 CCR 模型发展到了 BCC 模型，二者的区别在于对规模报酬是否可变做出了假定。魏权龄（1989）对数据包络分析法进行了深入的研究和探索，并最先在国内进行推广。数据包络分析方法作为一种非参数线性规划技术，在评价决策单元（Decision Making Unit，DMU）效率方面具有显著优势，是研究市场经济主体生产效率的有效分析工具，且被广泛运用于家庭农场生产投资经营效率方面的评价，例如，曹文杰（2014）、孔令成和郑少锋（2016）、赵金国和岳书铭（2017）、李绍亭等（2019）都在研究中采用过该理论对家庭农场投资经营效率进行测度。家庭农场作为一种市场上的农业产品生产主体，本质上也具有追求利润最大化的基本目标，同时，在生产过程中不仅要注重数量，更要关注质量。所以，生产效率理论对家庭农场提高投资效率具有较强的理论启示和借鉴意义。

　　2. 简要评述及对本书的启示

　　家庭农场作为一种市场上的农业产品生产主体，本质上也具有追求利润最大化的基本目标，同时，在生产过程中不仅要关注生产规模，更要注重生产效率。所以，生产效率理论对家庭农场提高投资效率具有较强的理论启示和借鉴意义。具体而言，本书会将生产效率理论运用于家庭农场投资绩效分析，从而研究当前山东省家庭农场生产效率水平。同时，运用博弈论和信息经济学分析方法研究家庭农场所面临的供给型融资约束形成机理，深入探究农业信贷、农业保险和土地经营权抵押担保贷款对家庭农场发展的影响机制。

二、产业组织理论

1. 理论的核心内容

产业组织理论是一种新兴的应用型理论，它以各种经济理论作为基础，通过仔细研究企业内部结构与企业自身行为、市场竞争与生产厂商之间的关系，了解行业内部或是产业自身的竞争与垄断、经济发展规模与市场效率之间的影响和作用。

在产业组织理论发展和演变的过程中，衍生出了许多不同的派别。从当前我国农业发展的实际情况来看，家庭农场、农民专业合作社、农业产业化龙头企业等一些新型农业经营主体的内部治理结构还存在管理能力薄弱、制度不健全、决策不民主、权力制衡机制不健全等问题，还无法与市场环境和社会需求有效对接。因此，借鉴新产业组织理论，完善和优化新型农业经营组织的内部治理结构，提高家庭农场市场行为的有效性，是提升我国现代农业发展绩效的关键之举。此外，借鉴产业组织理论激励性管制的核心论点，解决好家庭农场融资难题，促进家庭农场可持续投资，提高其现代农业技术和装备的运用能力，降低经营成本和风险，也是当前我国政府制定农业产业政策、财政金融支农政策等需要考虑的问题。只有改善家庭农场微观治理结构，健全现代农业投融资体制机制，提升现代农业投融资效率，才能加快我国新型农业经营主体发展与新型农业经营体系的构建。

2. 简要评述及对本书的启示

总体而言，产业组织理论对本书具有重要的启发和借鉴意义，家庭农场是一种重要的现代农业微观经济组织，是构建现代农业经营体系不可或缺的重要生产主体。但是，家庭农场与专业大户、农民合作社和农业企业等新型农业经营主体在功能定位、生产模式、金融需求方面存在一定差异，这种差异使金融机构在针对家庭农场发展的金融工具设计过程中需要充分考虑其特殊性。鉴于此，本书将借助产业组织理论厘清家庭农场与专业大户、家庭农场与农民合作社、家庭农场与农业企业的功能定位、比较优势和金融需求差异，从而为金融支持家庭农场发展金融需求的影响因素提供相关的理论支持。

三、交易费用理论

1. 理论的核心内容

交易费用理论是整个现代产权理论大厦的基础。企业和市场只是组织的两种形式，企业会权衡交易费用的大小来选择市场。专用性投资、契约的不完备性、由于道德风险、外部性等所导致的战略误传的风险、信息处理效应和制度是导致市场失灵的五个原因。因为每个人的受到交易的限制，所以不可能有这样的第三方，即全能的第三方以准确、低成本的服务帮助贸易商解决纠纷。

此外，交易费用理论还阐释了资产专用性和交易不确定性的理论概念。首先，资产专用性是指支持特定交易的资产投资，当此类资产用于特定事务的事务成本最低，用于其他目的的事务成本最高。其次，交易不确定性不仅包括环境的不确定性，还包括双方行为的不确定性。其中，短期不确定性对交易成本的影响较小，而长期不确定性对交易成本的影响较大。

2. 简要评述及对本书的启示

当前，家庭农场土地产权抵押担保融资中涉农主体存在的主要问题之一就在于交易费用：第一，繁杂的抵押贷款手续加大了家庭农场的融资成本；第二，产权资产评估难、评估费用高，农村产权的价值评估难度大，使得市场价值难以发现，法律层面对农房产权的限制更加加重了农村产权交易费用，由此增加了产权抵押贷款的难度。商业银行鉴于贷款风险高、贷款成本高而不愿为家庭农场发放贷款，使得较多家庭农场难以实现适度规模化经营。所以，本书借鉴交易费用理论的核心观点，主要对家庭农场、金融机构、政府部门、担保公司、涉农服务机构等主体的交易费用方面进行理论分析，揭示家庭农场投融资过程中的交易成本问题，研究信息不对称条件下金融机构与家庭农场各自的决策行为。

四、农业金融支持理论

1. 理论的核心内容

农业金融支持理论从农业财政支持理论体系中剥离出来，区别于农业的财政支持理论高度依赖政府的财政职能，支农资金来源也主要是政府财政税收，农业金融支持理论侧重于运用金融的手段支持农业，支农资金来源强调财政资金和市场资金的有效结合。

20 世纪 80 年代以前，农业信贷补贴论认为从农村外部注入政策性资金，对于促进农业生产以及缓解农村地区贫困问题是非常有必要的，但许多金融机构更加偏好向中上层优质客户融资等问题不断出现，造成农业融资更加日益困难，许多国家又陷入了严重的农业发展困境，所以，农业信贷补贴政策会逐渐损害农村自生金融市场的常规机制，最终导致了农业信贷补贴政策代价高昂。

20世纪80年代以后，农村金融系统论逐渐取代了之前的农业信贷补贴论。该理论更加强调市场机制在农业金融支持中的重要性，极力反对政策性农业金融对市场的扭曲，特别强调利率的市场化，认为市场机制主导的利率自由化能够补偿农业金融中介机构的经营成本。

我国作为发展中国家，决定了我国必须借鉴和依靠农业金融支持的不完全竞争理论来指导现代农业投融资体制的构建与政策环境的优化。随着当前新型农业经营主体的加快培育和现代农业经营方式加快发展，农业农村金融需求特点发生了根本性的变化，由原来的农户小额、零星、短期、偶发性、品种单一的金融需求向新型农业经营主体大额、经常、中长期、品种丰富的金融需求特征转变，有效金融需求量得到快速增长。因此，农业金融不完全竞争理论对于正确认识政府、家庭农场、农村金融机构之间的金融服务关系具有重要的指导意义。

2. 简要评述及对本书的启示

在本书研究中，家庭农场发展离不开金融机构的大力支持，同时，在实践过程下，家庭农场仍然面临较为严重的融资困难，这一方面挫伤了家庭农场进行生产经营的信心，但是另一方面也为其寻找新的融资渠道提供了新的思路方法。对于金融机构而言，为了调动其支持家庭农场发展积极性，有必要通过引入相关的财政补贴机制来减小其运营风险，提高金融机构支持家庭农场发展的意愿。同时，为了有效支持家庭农场发展，金融需要设计相关的金融工具并进行产品创新，以此满足我国现代农业化发展需求。因此，农业金融支持理论对于解决家庭农场发展过程中"融资难、融资贵"、风险规避手段确实、有效抵押品不足等问题依然有重要的理论借鉴意义。

五、金融发展理论

经济持续增长为金融发展提供了基础，而金融发展对经济增长、技术进步起到反向推动作用。在经济快速发展的过程中，金融发展取得了明显进步。主要体现在非货币金融资产不断增加、金融工具呈现多样化特征以及非银行市场中介的建立使得金融资产朝着多元化趋势快速发展。金融抑制具体体现在：政府过度干预利率，所实施的管制方案使得社会普遍储蓄率下降，社会资本积累速度降低，对投资效率和投资合理性造成了非常严重的负面影响。金融抑制带来的后果主要体现在技术创新不够、经济发展缓慢。发展中国家应该及时采取措施，有效消除金融抑制，政府放手让，金融朝着市场化方向发展，减缓经济分割作用，推动经济持续、稳定发展。金融深化理论特别重视市场作用，避免政府过度干预，使得经济增长、技术创新、利率、投资等实现协调发展。

金融深化理论的核心是金融自由化理论，该理论认为金融深化过度强调制度对经济增长产生的影响，没有将经济初始条件考虑在内，也忽略了经济结构制约。正是因为如此，应该从发展中国家信贷市场、实际利率和金融深化政策传导机制等不同层面着手进行考察。20 世纪 90 年代，金融系统引入了信息不对称理论。该理论认为政府应对市场环境引起高度重视，如金融行业市场准入准则、金融机构和外部宏观经济环境等，以此带动金融行业快速发展，促进经济增长。有些研究人员指出，如果仅仅将利率视为融资价格，就无法将金融结构、金融发展体现出来。通过大量收集与内生增长有关的文献，经过归纳整理发现：金融市场和金融中介二者的优势具有明显差异。对风险防控而言，金融中介更有优势；对甄别信息、获取信息而言，资本市场的优势更加明显。前期研究结果最大的差异主要体现在金融市场中对不同信息的处理程度，特别强调金融制度对金融市场、金融中介造成的影响。

六、信息不对称理论

作为现代信息经济学的核心，该理论被广泛应用于各个领域，即从传统农产品市场到现代金融市场。信息不对称主要包括三方面内容：第一，任何一方获得充分的明确信息；第二，有关交易的信息是当事人之间的不对称，也就是说，一方比另一方更多的相关信息；第三，双方的立场都在各自的信息占有方面相对清晰，但这种不对称的交易相关的信息之前完成导致逆向选择和道德风险问题。在这种情况下，信息优势的利润最大化的目的，往往使得信息劣势，这导致了资源配置不能达到帕累托最优状态的弱者。信息不对称严重降低市场运行的效率，在极端情况下，甚至可能导致市场交易停止，使得市场交易行为不再存在。

七、农业投融资理论

投资是经济主体将闲置资金投入某一类企业以获取未来利益的经济行为。投资活动是一种资源优化配置的行为。20 世纪以来，越来越多的数学工具被引入投资理论的实证分析和定量研究中。投资理论主要运用总量分析方法，研究消费、投资、储蓄等宏观经济变量对经济运行的影响，探讨经济增长的驱动力和资本流动对各国的影响。与古典经济学注重宏观分析不同，现代经济学更倾向于从微观角度探讨直接投资和间接投资的决策问题。农业投融资理论根据农业投资主体的不同，将农业投资划分为政府农业投资、农村社区组织投资和农户投资，其中，政府农业投资对的目的是获取社会效益和生态效益，而私人或者组织则是为获取经济效益而对农业进行投资。通过对农业投融资理论的分析可以发现，农业是国家赖以发展的基础，也是其他行业存在的保障。农业的弱质性决定了企业或个人对农业投资的偏好不足，而选择将更多的技术与资本投入比较收益更高的第二、第三产业中，这无疑不利于农业的可持续发展，甚至对农业安全造成巨大威胁。因此，农业投融资理论给政府引导家庭农场等新型农业经营主体的农业投资带来了启示：农业的准公共产品属性决定了单纯依靠市场机制，无法满足对农业的投资需求，政府必须积极发挥在农业投资中的调控作用，通过财政补贴、价格补贴等直接或者间接补贴方式解决投资主体面临的资金困境，增进家庭农场等新型农业经营主体的投资动力，同时建立政府与市场分工投资农业的机制，缓解家庭农场等新型农业经营主体面临的投资风险困境。

第三节　家庭农场发展的金融支持工具选择依据及其作用原理

　　家庭农场发展离不开有效的金融工具支持，单一的金融工具无法将金融支持家庭农场发展的作用最优化，因此，本书尝试设计组合性的金融工具，发挥组合性金融工具对家庭农场发展的促进作用，将更加有利于解决家庭农场融资困境问题，这不仅是符合现实迫切需求的，也是对金融支持家庭农场发展理论的重要贡献。首先，本章通过对比主要金融工具的基本功能，结合目前金融支持家庭农场发展的主要状况，进行了支持家庭农场发展的金融工具选择。在此基础上，分析了农业保险、农业信贷和抵押担保对家庭农场的基本作用原理，从而明确了本书研究的重点内容。其次，本章根据各类金融工具对家庭农场的基本作用原理，研究了金融工具支持家庭农场发展的理论机制，构建了金融支持家庭农场发展的理论分析框架，为后文的相关理论与实证研究奠定了基础。

一、家庭农场发展的金融支持工具选择依据

家庭农场发展过程中需要通过相应的金融工具在资金融通、信用构建、风险规避、价格发现等方面进一步支持与优化,研究家庭农场发展的金融支持,首先需要选择对其发展有利的金融工具。接下来,本书将结合家庭农场发展的基本规律以及金融工具的现实运用情况,运用层次分析法分析农业信贷、农业保险、抵押担保、农产品期货和互联网金融五类金融工具的异同,从而阐述本书选择农业信贷、农业保险和抵押担保三类金融工具的主要依据。

1. 农业信贷

家庭农场是现代农业生产体系的重要组织形式,也是推动农业规模化经营的重要载体,与一般的小规模经营农户不同,家庭农场经营规模较大,在经营初期一次性投入比较集中,主要按照现代农业项目运行规律进行投资建设和规模扩张,在生产经营前期通过投资形成现代农业资本品,包括农用设备、农业厂房、地上建设附着物等。通常情况下,家庭农场日常经营过程中维持简单再生产所需的资金基本能够通过自身的方式使其达到供求平衡,但是如果想扩大再生产则需要更多资金支持,此时,家庭农场需要借助外源融资,而最常见的外源融资方式就是农业信贷。所以,家庭农场需要通过农业信贷来缓解资金约束问题,农业信贷是支持家庭农场发展最为主要的金融工具。

2. 农业保险

农业生产的特点在很大程度上取决于所处的自然环境,与其他产业的生产活动相比,家庭农场生产经营过程中要面临极大的自然环境风险,家庭农场生产活动一个显著的特点在于自然环境对其影响较大,而且对自然环境的依赖性很高,如果经营项目具有潜在的自然灾害风险,则会使农产品颗粒无收,因此,家庭农场由于农业生产周期长、受自然因素影响大,面临着较高的系统性风险。同时,在家庭农场构建阶段,直接构建主体面临的风险具有多重性:不仅在其农业经营项目中客观存在自然风险和市场风险,在实际的生产经营活动中,家庭农场会面临农作物虫害、农作物病害、风灾冰雹、旱灾雨涝以及畜禽疾病等生产风险,而且在其组织生产运行过程中存在着较大的经营管理风险或

决策失误风险。而且，在家庭农场发展建设阶段，由于农业投资形成的资产法律产权界定可能缺乏，同时其社会声誉机制还没有有效地建立起来，导致其可能存在巨大的融资风险。为了有效减少家庭农场生产损失，家庭农场客观上需要通过相关的风险规避措施和手段来抵消自然风险、市场风险、土地流转风险等所造成的收益损失，由此产生风险规避需求。所以，农业保险对于规避家庭农场风险而言具有重要作用。

3. 抵押担保

长期以来，由于我国农业经营主体缺少合格的抵押担保，难以从商业银行等正规金融机构获得生产所需的各类资金。目前，家庭农场在发展过程中仍旧面临着"融资难、融资贵"的困境，有效抵押品缺乏和担保制度不健全使得家庭农场贷款可得性降低，严重阻碍了家庭农场发展。在家庭联产承包责任制生产条件下，农村土地所有权归集体所有，承包经营权归家庭农场所有，但是在法律上却缺少相应凭证，使得土地无法作为有效抵押品向商业银行申请农业信贷。为了有效解决这一问题，2008 年，我国启动了农地经营权抵押融资制度改革工作，目的在于给予农业经营主体更加完善的土地抵押担保融资权能（张龙耀等，2015；周南等，2019）。近年来我国各地区大力开展农村土地承包经营权抵押担保贷款试点工作，进一步盘活了农村土地的生产资料功能属性，为家庭农场发展提供了有效的金融手段工具，有效弥补了长期以来家庭农场因缺乏必要的抵押担保物，无法从农村商业银行等正规金融机构获得农业生产所需的各类资金的不足。农村土地经营权抵押担保贷款制度将农民手中闲置的土地盘活起来以获得经济价值，从而在一定程度上得以缓解解决家庭农场的融资困境。由于当前农村土地产权抵押担保贷款是山东家庭农场融资的另一主要模式，所以，本书也主要研究农村土地经营权抵押担保贷款（以下简称"抵押担保"）的运行模式和作用功能，并将其从农业信贷中单独列出来进行分析。

4. 农产品期货

家庭农场是现代农村先进生产力的代表，良好的市场价格环境可以确保家庭农场的产品迅速地实现社会价值，获取满意的经济效益。然而，在当今农业产品普遍过剩的时代，家庭农场必须与市场接轨，以市场需求为导向，其生产的产品和服务才能最终实现价值。在家庭农场生产活动中，市场竞争对手越多，市场竞争越充分，经营利润就越薄，甚至可能只有经营风险，没有生产收益。所以，在实际的生产经营活动中，家庭农场需要考察和评估产品的市场竞争态势，从而避免价格波动所产生的利润下降风险。现阶段，我国还没有上市期权品种，极大限制了生产经营者和投资者的选择空间，严重制约了期货市场功能的发挥。值得注意的是，我国的农产品期货市场正处于快速发展阶段，目前我国主要期货交易所已有铜、铝、胶合板、天然橡胶等产品上市交易，农产品期货交易金额和交易数量也在逐年攀升。

从现实农产品期货交易流程来看，家庭农场主在期货市场上以当前市场价格购买看涨期权，作为农业产品的最低价格，以便在出售后获得更高价格的好处。期货定价法是指在农作物收获之前，家庭农场可以选择在未来某一时期的期货合约中的价格作为最终价格，并提前与合作社签订期货合约以锁定利润，然后在期货市场上出售合约价值并试图获利。然而，我国农产品期货市场存在先天不足，家庭农场无法通过农产品期货实现套期保值，家庭农场购买农产品期货不足，究其根本原因，在于期货交易具有小众化、规模化、标准化、技术化等特点，与我国家庭农场的家族式经营相矛盾。因此，大多数家庭农场不会选择农产品期货来规避价格波动的风险。

5. 互联网金融

从广义的角度来说，互联网金融既包括作为非金融机构的互联网企业从事的金融业务，也包括金融机构通过互联网开展的业务（中国金融稳定报告，2014）。从狭义的角度来看，互联网金融包括第三方支付平台模式、P2P 网络小额信贷模式以及基于大数据的金融服务平台模式、众筹模式、网络保险模式等。不可否认，即使在传统金融行业发展成熟的今天，依然还存在着无法满足社会融资需求的问题，特别是针对广大的小微型企业和"三农"领域的金融服务产品还依然比较短缺，融资约束得不到根本解决严重束缚了社会经济可持续发展。因此，互联网金融凭借其低门槛、小品种、个性化的大众型、普惠式服务理念，恰好迎合了家庭农场的需求心理。然而，互联网金融交易的消费者权益保护缺位，国内相关法律制度体系有待健全。由于互联网自身的开放性和虚拟性，使得网络安全受到了严重的威胁。

互联网金融所涉及的交易内容都需要通过网络连接进行交易处理，在大数据背景下，各种资料和信息会被储存到具有专业数据托管资质的数据存储服务商中，很容易发生数据盗窃和泄密事件。与此同时，由于互联网维权法律的漏洞，一旦互联网金融业务发生经济纠纷，家庭农场将缺乏相应的法律依据，难以维护自身权益。农业生产本来就是一个薄弱的行业，家庭农场在生产过程中已经面临更高的自然风险。如果通过互联网融资也会面临更多的金融风险，家庭农场的基本权益就无法得到保障，这无疑不利于家庭农场农业生产经营活动的发展。

根据本书对金融工具的界定，以及实地调研所了解到的山东家庭农场生产性融资现状，本书将重点研究农业信贷、农业保险和抵押担保（这里指土地经营权抵押担保融资，由于抵押品是土地经营权证，这与传统农业信贷不同，而且随着我国农业政策和金融政策的逐步完善和落实，土地经营权抵押贷款将会在家庭农场融资方式中占据越来越大的份额，所以有必要单独列出来进行分析）。这三类金融工具对家庭农场发展的影响效应，并在此基础上设计家庭农场发展的组合性金融支持理论机制。

因此，下文将从农业信贷、农业保险和抵押担保三类金融手段工具各自发挥的基本职能出发，基于资金融通、风险分担、信用担保功能的视角来阐述农业信贷、农业保险和抵押担保三类金融工具支持家庭农场发展的理论机理。

二、农业信贷支持家庭农场发展的作用原理

农业信贷的供给主体主要是农村正规金融机构，即受一般法律约束并接受专门的银行监管机构监管的金融机构。在大多数情况下，项目的融资者也就是项目的投资者，投融资主体实际上是指同一组织或个人，此处主要指家庭农场。在现代金融市场中，资金供给主体（授信主体）通常是商业银行，通过购买融资主体的股权或直接通过债权对融资主体提供信用、融出资金。由于商业银行等正规金融机构受国家法律的保护及政府的支持，具有良好的声誉形象，使得融资主体在同等情况下愿意向其申请借款。但是，资金供给主体在对资金需求主体的信息甄别过程中面临着严重的信息不对称，所以无法全面掌握融资主体的信用、经济实力和发展潜力，更无法有效监督资金使用情况。一般而言，如果商业银行实施风险型借贷者可接受的利率水平，则保守型的借贷者被高利率挤出市场，此时会使得借贷风险不断加剧；如果正规金融机构实施的是风险型和保守型借贷者都可接受的利率，则金融机构面临着较多的市场需求，从而出现信贷配给。此外，为了防止融资风险，信贷提供者通常必须全面评估现代农业投资项目和投资结构，并要求融资主体提供相应的抵押物品，而融资主体从授信主体手中融入资金便接受了信用。在现代农业项目的预期收益推动下，融资实体将成为一个投资实体，并投资于现代农业项目，从而促进了家庭农场的不断循环与发展。

农业规模化经营离不开大量资金投入，农业经营主体会选择向商业银行融资来扩充资本，但是前提条件是要向商业银行提供有效的抵押物品。家庭农场融资的过程，实际上是资金盈余部门授信给家庭农场的过程，也是家庭农场接受信用的过程。家庭农场融入必要的资金后，按现代农业项目运行规律进行投资、建设，形成现代农业资本品，包括现代农业厂房、农业基础设施、农业生产机器等，并在一定的技术管理水平条件下，通过对现代农业项目的经营管理，从而获取农业投资收益。同时，如果家庭农场投资获利则可以进行下一步扩大再生产，并支付商业银行本金和利息；如果家庭农场投资失利，则需要承担损失，此时还有可能造成无法支付银行利息和本金的违约风险。所以，家庭农场发展的农业信贷支持机制就是现代农业投融资体制各构成要素之间的相互关系和有机运行的总和。图 2.1 显示了农业信贷支持家庭农场发展的作用原理。

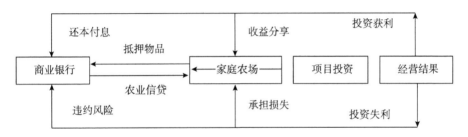

图 2.1　农业信贷支持家庭农场发展的作用原理

三、农业保险支持家庭农场发展的作用原理

农业保险是现代农业发展和农业可持续发展所不可或缺的关键要素，能够为家庭农场在生产经营过程中面临的主要风险提供损失保障，农业保险主要通过保险手段对农业生产风险所造成的损失进行补偿，是保障家庭农场发展的有力金融工具。积极引导农业保险机构参与到家庭农场发展过程中的风险补偿机制建设，充分满足家庭农场发展所需要的农业保险产品，同样是今后我国支持家庭农场发展的重要金融举措。农业保险的主要功能是为农民、家庭农场、农业企业等农业经营主体的农业经营风险提供经济保障。当农业生产遭受自然灾害或其他风险时，可以向投保农业经营主体获得一个未来最大无风险收益（以赔偿金的形式支付），农业保险作为农业风险转移和损失补偿的管理工具和制度安排，在保障农业经营主体发展过程中主要有以下三种功能。

第一，风险转移功能。农业保险的风险分散转移机制是使农民、家庭农场、农业企业等农业经营主体将自己所遭遇的农业风险损失转嫁给开办农业保险业务的保险公司，以此减少风险发生的可能性，减轻甚至消除风险灾害所带来的损失，对家庭农场稳定发展、农民生活的安定甚至整个国家的粮食安全起到重要的保障作用。

第二，收入稳定功能。农业保险具有"稳定器"收入的功能，通过灾后保险赔偿和经济补偿来减少自然灾害和事故造成农民、家庭农场、农业企业等农业经营主体的损失，有效降低农民、家庭农场、农业企业等农业经营主体经营收入的波动性，进一步提高农民、家庭农场、农业企业等农业经营主体的福利水平和农村整体经济社会效益水平。

第三，促进生产功能。在市场经济条件下，一些新技术、新工艺、新产品被市场认可和接受的过程伴随着巨大的技术风险和市场风险。农业保险的有效操作可以极大刺激家庭农场等新型农业经营主体的冒险精神，使用农业新技术得到发现和推广，这有利于提高农业生产技术，促进农业规模化和机械化程度，实现农业的现代化生产，提高农产品技术转化率，提高农产品附加值，促进农业生产效率的提高。

因此，将农业保险嵌入家庭农场的融资机制中，一方面，可以极大地降低家庭农场收入的波动性；另一方面，虽然农产品自身的生物学特征使其不可能成为合格的信贷抵押品，但购买农业保险后家庭农场经营的农产品便被赋予了一个以保险赔偿金表示的预期最低收益，使得家庭农场在贷款过程的最大贷款金额小于或等于其所生产农产品的预期最低收益，那么这种由农业保险保单所约定的农产品无风险预期收益便可以成为家庭农场还本付息的重要保障。进一步的，图 2.2 显示了农业保险支持家庭农场发展的作用原理。

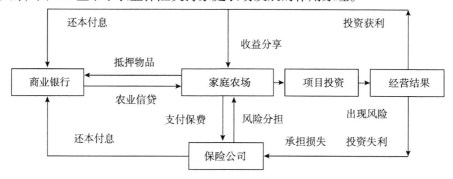

图2.2 农业保险支持农业经营主体发展的作用原理

四、抵押担保支持家庭农场发展的作用原理

本书的抵押担保指的是土地经营权抵押担保融资，其本质上也是农业信贷的一种，由于抵押品是土地经营权证，这与传统农业信贷不同，而且随着我国农业政策和金融政策的逐步完善和落实，土地经营权抵押贷款将会在家庭农场融资方式中占据越来越大的份额，所以有必要单独列出来进行分析。从资金融通的角度来看，我国家庭农场由于缺乏有效的资产和信誉机制，其融资风险可以通过提供担保服务来规避。金融机构拥有更专业的管理团队，在风险管理方面具有较强的比较优势，尤其是担保机构，在声誉识别、资产评估和信息收集方面可以与商业银行相媲美，可以与商业银行与保险机构相辅相成。因此，扩大我国农村土地产权抵押担保试点工作是必要和可行的。为了有效解决农业经营主体抵押担保融资难题，近年来，我国中央政府、各级地方政府、各类金融机构等纷纷出台相关政策措施，譬如，2014 年 4 月 24 日，国务院办公厅发布的《关于金融服务"三农"发展的若干意见》（国办发〔2014〕17 号）指出"制定农村土地承包经营权抵押贷款试点管理办法，在经批准的地区开展试点"，自此农村产权抵押融资贷款工作正式开展。自农地抵押担保融资进入确立期以来，全国各地根据各自经济和社会发展的差异，创新了抵押物担保、反担保等各自不同的运作模式，表 2.2 显示了我国典型地区的农村土地经营权抵押担保运行模式。

表 2.2　典型地区的农村土地经营权抵押担保运行模式

典型地区	运行模式	服务对象
山东枣庄	"规模经营主体＋担保公司＋金融机构"模式	规模经营主体
山东滨州	"农业经营主体＋政府部门＋担保公司＋金融机构"模式	农户、规模经营主体
福建明溪	"规模经营主体＋政府部门＋金融机构"模式	规模经营主体
江苏东海	"农业经营主体＋农交所＋银行（农村信用社）"模式	农户、规模经营主体
宁夏同心	"农户＋合作社＋银行"模式	农户
宁夏平罗	"农户＋村集体＋向金融机构"模式	农户
陕西杨凌	"农户＋产权交易中心＋向金融机构"模式	农户
陕西高陵	"农户＋四个中心＋金融机构"模式	农户

注：抵押担保运行模式主要根据各地农地经营权抵押融资管理办法整理获得。

此外，从已有研究来看，黄惠春和祁艳（2015）从经济条件、职能分工、试点政策与进展等方面对抵押担保业务的展开进行了较为全面的分析，认为农业经营主体对抵押担保的需求更多由农业收入水平、生产经营成本、农村社会保障水平等因素所决定。罗兴和马九杰（2017）认为家庭农场抵押担保融资所面临的最大问题在于抵押物价值低、交易费用高、手续烦琐等，由此使得家庭农场对抵押担保业务产生严重的排斥行为。张珩等（2018）分析了农业经营主体获得土地经营权抵押担保贷款后的收入效应问题。已有研究主要从单一金融工具研究其对家庭农场发展的影响效应，例如，Huffman（2015）、高玲玲等（2018）、张伟和高翔（2019）、马九杰等（2020）等相关研究分别从农业信贷、农业保险和抵押担保贷款的单一金融工具视角研究其对各类农业经营主体的影响效应。农村土地经营权抵押担保主要通过对主体、风险、运行、监督、产品等方面的优化，促进相关利益主体积极地参与到农地经营权抵押融资中来，并使得农村土地经营权抵押担保融资的重要作用功能得到充分发挥。

第一，农村土地经营权抵押担保融资能保障农业生产顺利进行。农村土地经营权抵押担保融资保障功能的实现主要体现在家庭农场收入的保障、农村金融有效供给的保障、农村金融体系安全以及国家粮食安全的保障等方面。一方面，通过完善农地产权抵押融资政策，融资将促进家庭农场和应对行为的发展，在满足家庭农场有效需求的同时，防止农户转移违约、自然风险和市场风险，减少家庭农场损失所产生的土地风险和社会风险；另一方面，通过完善农地经营权抵押融资，可以促进金融机构的供给意愿和应对行为，抑制金融机构的非法经营和转移风险。这样既保证了金融机构的盈利能力，又提高了金融机构供给的积极性，从而保证了融资供给的安全性和可持续性，可以有效保障农村金融体系的稳定性。同时，通过缓解供需主体之间的资本矛盾，扩大生产规模，提高家庭农场的收入，促进农业生产的可持续发展，从而有效保障国家粮食生产的质量和安全。

第二，农村土地经营权抵押担保融资有助于产业化、现代化的推进和发展。因为农地经营权抵押融资所面临的农业生产与农村金融风险很高，如果家庭农场增加生产规模，在从小规模经济向大规模经济转型发展过程中，农业经营收入可能会由于不确定性的自然风险而有所减少，而家庭农场在经济损失后将无力偿还银行贷款，增加金融机构的不良资产比率。而农地经营权抵押融资就是通过不断完善多元主体共同参与机制进行风险分散，不仅可以形成各种各样的农业风险分担机制来减少损失，提高预期的收入，而且可以实现家庭农场增加生产规模、不断发展大农业的经营方式，并不断形成具有现代农业大规模生产经营特征的发展模式。

第三，农村土地经营权抵押担保融资是农村土地金融化的核心和基础，是农村经济发展的动力源泉。农村经济发展离不开金融的支持，但是金融机构基于农业的高风险及收益不稳定视角出发，向农业提供贷款的积极性不高。农地经营权抵押融资对农业经济增长的影响，一方面可以从农地抵押担保贷款的额度、期限、利率等方面进行调节，通过金融手段的干预达到农村经济增长的目的；另一方面可以将农地经营权抵押融资与"精准扶贫"等工作相结合，界定低收入地区和低收入家庭农场抵押担保贷款的相关规定，并在风险可控情况下提高其贷款额度，充分发挥农村金融在惠农支农方面的作用，激励金融机构为农业生产经营提供信贷支持，调动家庭农场生产积极性，促进当地农业经济增长，从而实现乡村振兴。

通常情况下，当商业银行对家庭农场授信时，都会考察家庭农场是否具有合格的抵押担保物，防止家庭农场由于没有按时偿还贷款和本息而导致自身遭受损失，抵押担保公司的出现在一定程度上为商业银行与家庭农场之间搭建了信息沟通的"桥梁"，作为金融中介机构，抵押担保公司的优势在于能够解决商业银行与家庭农场之间的信息不对称性，为家庭农场的融资行为提供抵押担保便利，同时，解决商业银行农业贷款的后顾之忧，有效降低商业银行的不良贷款率。

结合农业信贷和农业保险支持家庭农场发展的运行机制，图 2.3 进一步显示了抵押担保支持家庭农场发展的作用原理。

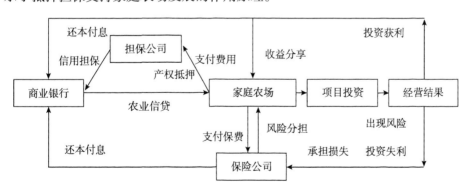

图 2.3　抵押担保支持家庭农场发展的作用原理

第四节 家庭农场发展的金融工具支持
理论机制与分析框架

前文基于金融工具的功能性视角，阐释了农业贷款、农业保险和抵押担保三类金融工具通过投融资运行机制、风险分担机制和信用担保机制支持家庭农场发展的作用原理。接下来，本书将结合家庭农场发展的主要特点，利用理论分析法、逻辑演绎法和数理分析法阐释农业贷款、农业保险和抵押担保支持家庭农场发展的理论机制，从而构建家庭农场发展的金融支持理论分析框架。

一、家庭农场发展的农业信贷支持理论机制分析

家庭农场的金融经济行为实际上与"理性经济人"假设相一致，家庭农场生产经营和金融经济行为决策也主要基于自身效用最大化的前提下进行，从而实现自身效用最大化。家庭农场生产经营主要是通过投资获得维持其继续生产的利润，这就要求家庭农场在投资之前通过各种途径筹措项目所必需的资金，当然也包括自身所拥有的初始资金。如果家庭农场自有资本积累不足，那么家庭农场就转为融资主体的身份向金融机构展开融资活动，依靠融资的各种手段为家庭农场项目建设筹措到充足的资金，家庭农场的融资活动需要通过金融中介完成，家庭农场借助金融中介动员储蓄的功能，通过向金融中介获取服务并将之转移到投资领域的过程，这一过程是资金的筹集过程，也是资金的运用过程，二者具有密切的联动关系。所以，农业信贷支持是家庭农场发展及进行农业投资的必要条件，只有在充分满足家庭农场融资需求的前提条件下，农业生产才能顺利进行，家庭农场才能顺利维持生产，进而实现自身可持续经营发展。尽管家庭农场面临着较为严重的供给型信贷约束，但是在现行利率下，大部分家庭农场依然会选择申请商业银行贷款来获取生产所需要的资金。家庭农场经营过程中需要大量的资金，产生了经营性信贷需求，正规金融信贷是家庭农场首要的资金来源（潘素梅和周立，2015；朱炯，2017），获得正规金融信贷的家庭农场将资金用于扩大再生产，其中非重复使用型生产要素的投入（人工、农资产品等）会增加当期收入，当期收入增加能够提高下一期的投入水平，进而增加下一期收入；可重复使用型生产要素投入（农业机械、设备

等）不仅增加当期收入，还能够在下一期继续使用，持续增加收入，因此，正规金融信贷对家庭农场收入的影响具有一定的"持续性"（梁虎和罗剑朝，2019）。

通常情况下，商业银行在授信过程中会坚持"互惠互利、信用合作"的原则，由于金融的保本逐利的本性，金融部门需要在确保资金安全的前提下，实现信贷资金的发放。因此，金融部门在支持家庭农场时，需要附加严格的信贷条件，包括：信用等级、抵押担保等条件，正是这一严格的条件在一定程度上制约了家庭农场获得银行贷款的可能性。由于农村金融服务的缺失，家庭农场的发展受到了制约，家庭农场经营过程中没有有效的抵押担保物，难以及时获得生产经营所需的资金，导致了家庭农场发展的滞后（王春来，2014；温涛等，2016；王睿和周应恒，2019）。接下来，本书将结合家庭农场发展的基本特征，进一步对农业信贷影响家庭农场发展的理论机制进行深入分析。

首先，假定家庭农场在当下和未来的收入分别为 Y_1 和 Y_2，且贴现率为 0，则家庭农场的效用函数可以表示为

$$U = U\ (Y_1)\ + U\ (Y_2),\ U' > 0,\ U'' < 0 \tag{2.1}$$

假定家庭农场的收入由固定收入 y_1 和临时收入 y_2 两部分收入组成。由于银行更加偏爱大规模家庭农场，小规模家庭农场难以获得贷款，农业贷款对小规模家庭农场的收入水平影响大于大规模家庭农场。由于农业信贷市场是一个信息不对称的市场，银行在事前无法获得家庭农场的相关经营信息，对于没有足够担保的家庭农场，商业银行承担着不能收回全部本息的风险可能性。所以，家庭农场获得农业信贷的概率存在不确定性，如果家庭农场当期由于获得农业信贷而增加了一定的临时收入，那么其在未来同样可能会因为未获得农业贷款而导致收入减少，则家庭农场的效用函数表示为

$$U = U\ (Y_1 + y_2)\ + U\ (Y_1 - y_2) \tag{2.2}$$

假定家庭农场获得农业信贷时所要支付的服务费用为 f，此时，家庭农场因获得农业信贷而使得自身经营发生变化，本书用 g 来表示，则家庭农场的效用函数可进一步表示为

$$U = U\ (Y_1 + y_2 - g - f)\ + U\ (Y_1 - y_2 + g - f) \tag{2.3}$$

由式（2.3）不难发现，当 $y_2 = g$ 时，家庭农场通过自身的行为完全适应了外部经营环境的变化，农业贷款有效促进了农业投入和农场设备的优化配置，有效促进了家庭农场的经营水平，这意味着，家庭农场自身实现了最优选择。此时，家庭农场的效用函数可表示为

$$U = U\left(Y_1 + y_2 - g - f\right) + U\left(Y_1 - y_2 + g - f\right) = 2U\left(Y_1 - f\right) \qquad (2.4)$$

基于家庭农场经营收入的最大化条件，本书进一步令 $y_2 = g = y_2^*$，此时，家庭农场总的效用函数为

$$W = \int_0^{y_2^*} U(Y_1 + y_2) + U(Y_1 - y_2)\mathrm{d}y_2 + \int_{y_2^*}^1 2U(Y_1 - f)\mathrm{d}y_2 \qquad (2.5)$$

由于商业银行要保证自身的持续经营，其需要通过贷款业务的收入弥补自身的成本 F，同时，愿意支付更高利率的家庭农场可能有更大的违约风险，即随着利率的提高，家庭农场的平均风险逐渐加大，商业银行的期望收益也随之降低，此时有

$$F = \left(1 - y_2^*\right) f \qquad (2.6)$$

如果家庭农场仅仅获得政府补贴而没有获得农业信贷支持，则其收入增长水平可表示为

$$\frac{\mathrm{d}W}{\mathrm{d}Y_1} = \int_0^{y_2^*} U(Y_1 + y_2) + U(Y_1 - y_2)\mathrm{d}y_2 + 2\left(1 - y_2^*\right)U'(Y_1 - y_2^*) +$$

$$\left[U(Y_1 + y_2) + U(Y_1 - y_2) - 2U(Y_1 - f)\right]\frac{\partial y_2^*}{\partial y_2} \qquad (2.7)$$

将（2.7）式进一步简化，此时有

$$\frac{\mathrm{d}W}{\mathrm{d}Y_1} = \int_0^{y_2^*} U'(Y_1 + y_2) + U'(Y_1 - y_2)\mathrm{d}y_2 + 2\left(1 - y_2^*\right)U'(Y_1 - f) \qquad (2.8)$$

如果商业银行通过政府补贴而使得自身的固定成本降低，进而增加对家庭农场的农业信贷支持，则家庭农场的收入增长水平可表示为

$$-\frac{\mathrm{d}W}{\mathrm{d}F} = 2\left(1 - y_2^*\right)U'(Y_1 - y_2^*)\frac{\partial f}{\partial F} - \left[U(Y_1 + y_2) + \right.$$

$$\left. U(Y_1 - y_2) - 2U(Y_1 - f)\right]\frac{\partial y_2^*}{\partial F} \qquad (2.9)$$

此时，家庭农场在获得农业信贷前后的效果差异为式（2.9）减去式（2.8），可得

$$-\frac{\mathrm{d}W}{\mathrm{d}F} - \frac{\mathrm{d}W}{\mathrm{d}Y_1} = 2y_2^* U'(Y_1 - f) - \left[U'(Y_1 + y_2) + U'(Y_1 - y_2)\right]_0^{y_2^*} +$$

$$\frac{2U'(Y_1 - f)}{\left(1 - y_2^*\right)^2}\frac{\partial y_2^*}{\partial F} > 0 \qquad (2.10)$$

由式（2.10）大于 0 的结果可知，家庭农场总效用伴随农业信贷可得性提高而增加，因此，增加商业银行对家庭农场的农业信贷供给能够有效促进家庭农场发展。由此可见，当家庭农场自有资金不足时会选择向商业银行申请贷

款来缓解资金约束状况，农业信贷能够为家庭农场发展提供资金补充，从而使得家庭农场的物质资本、社会资本和人力资本都得到充分发挥，所以，家庭农场能够通过农业信贷获取更大的经济收益。

此外，家庭农场之间的资源禀赋差异也会使得农业信贷资金对不同经营规模和收入水平的家庭农场发展的作用效应存在明显差别，部分家庭农场会根据商业银行所提供的农业贷款利率选择是否申请贷款，拥有更多资源禀赋的家庭农场在获取农业信贷方面更有发言权，相反，资源禀赋较差的家庭农场由于自身人力资本、社会资本和物质资本等资源要素积累不足，从而影响家庭农场发展水平。具体而言，一方面，当商业银行农业信贷利率较高时，资源禀赋较差的家庭农场由于自身人力资本、社会资本和物质资本等资源要素积累不足，如果向商业银行申请农业信贷会使得自身债务成本较高，由此导致家庭农场申贷意愿不强，此时，商业银行农业信贷供给水平较低，因无法满足家庭农场生产需要，其对家庭农场经营收入的边际效应较小。另一方面，当商业银行农业信贷利率较低时，能减轻家庭农场的债务负担，激励家庭农场更加努力进行生产，从而获得更多的收益，此时，商业银行农业信贷供给水平较高，其对家庭农场经营收入的边际效应较大。所以，在家庭农场发展过程中，家庭农场的农业信贷供给水平会呈现出由低至高的演变路径，因而商业银行农业信贷供给对家庭农场经营水平具有"先递减，后递增"非线性影响效应。

综合上述分析，家庭农场在获得正规金融信贷后，会将资金投于生产过程，不管是投入于可重复使用型生产要素还是非重复使用型生产要素，都能够有助于增加家庭农场收入，进而促进家庭农场发展。据此，本书提出如下研究假说。

假说1：农业信贷有助于缓解家庭农场资金约束，增加家庭农场的农业信贷供给有利于提升家庭农场经营水平，从而促进家庭农场发展。

假说2：商业银行信贷供给对家庭农场经营水平具有非线性影响效应，当商业银行信贷供给水平较低时，因无法满足家庭农场生产需要，其对家庭农场经营收入的边际效应较小；反之，其对家庭农场经营收入的边际效应较大。

二、家庭农场发展的农业保险支持理论机制分析

农业生产活动一个显著的特点在于自然环境对其影响较大，家庭农场是一种重要的新型农业经营主体，其是否能够健康持续发展，离不开各级地方政府的政策支持，更离不开农业保险的有效供给（陈五湖和印笋，2014；苑美琪和

陶建平，2019）。伴随着家庭农场生产经营规模逐渐扩大，家庭农场所面临的风险无疑也是非常巨大的，特别在新形势下，家庭农场所面临的不同于传统农业经营的各种风险也逐渐显现。一般来说，家庭农场生产经营过程中要面临极大的自然环境风险，正所谓农业靠天吃饭，与其他生产活动相比，家庭农场生产活动一个显著的特点在于自然环境对其影响较大，而且对自然环境的依赖性很高，如果经营项目具有潜在的自然灾害风险，则会使农产品颗粒无收，从而对家庭农场发展产生明显的抑制作用。同时，家庭农场作为一种新型农业经营主体，其于市场之间存在着较强的关联性，其所承担的市场价格变动风险、自然灾害风险等都会威胁到自身的经营和发展，一旦风险暴露，家庭农场在利润方面所遭受的损失会远高于传统农户的经营模式（尹成杰，2015）。因此，无论是自然风险、市场风险、土地流转风险等都需要采取一系列措施进行提前预防及积极应对（李博文和姚思彦，2014）。相对于分散的小农经营方式而言，家庭农场经营规模更大、投资周期更长，经营项目受天气、疫病、自然灾害等因素影响较大。通常情况下，家庭农场经营规模越大，则其对于农业保险分散化解风险的需求较强。农业保险作为对农业风险损失进行事后补偿的一种手段，对稳定和保障农业的发展、促进家庭农场增收、实现乡村振兴具有非常积极的作用，因而其对家庭农场发展具有十分重要的影响效应。

家庭农场的金融经济行为实际上与"理性经济人"假设相一致，具有追求利润最大化的目标特征，家庭农场的预期收入主要取决于期末收入 W 和收入的波动性，以及风险的偏好程度 γ，则家庭农场效用可表示为

$$U = U\left(W_i - \gamma\delta^2 W_i\right) \tag{2.11}$$

农业保险可以通过改变农业收入的波动性来改变家庭农场的收入预期，家庭农场参保后每亩收入 AW 可表示为

$$AW = \begin{cases} mI\left(p, \ y_0 - y_i\right) - p, & y_0 > y_i \\ -p, & y_0 < y_i \end{cases} \tag{2.12}$$

式（2.12）中，p 为保险费率；y_i 为家庭农场亩产量；y_0 为家庭农场产量的临界值，即达到保险赔偿标准的最高产量；$I\left(p, \ y_0 - y_i\right)$ 为家庭农场实际产量低于临界产量时保险赔付函数；m 代表家庭农场保费实现的概率可能性大小，而临界产量高于实际产量的概率则决定了家庭农场参与农业保险的最终受益大小。

基于上述判断，本书将引入福利经济学的分析框架，进一步研究农业保险影响家庭农场发展的理论机制。接下来，本书根据马斯-克莱尔基于基数效用

论对社会福利函数来研究农业保险对家庭农场效用的影响。首先，从农业保险的需求端来看，假定家庭农场的福利效用函数具有如下形式：

$$W(u_1, u_2, \cdots, u_i) = \sum_i^n \lambda_i u_i \qquad (2.13)$$

式（2.13）中，$W(u_i)$ 表示家庭农场总效用；u_i 表示第 i 个家庭农场效用；λ_i 表示常数。家庭农场购买保险的决策主要目的在于规避风险，增加自身效用。家庭农场的期末收益是家庭农场潜在收入与保费支出及未赔偿损失的差额，而购买保险后的期望效用是否增加，是决定家庭农场是否购买农业保险的重要依据，即

$$u(W - P) \geqslant \int_0^\infty u(W - x) f(x) \, \mathrm{d}x \qquad (2.14)$$

式（2.14）中，$u(x)$ 表示效用；W 为初始财富；P 为缴纳保费；$f(x)$ 是风险密度函数。家庭农场购买保险所增加的效用 Δ 可表示为

$$\Delta \geqslant \lambda_i \left\{ \left[u_i(W_i - P_{0i}) - \int_0^\infty u_i(W - x) f_i(x) \, \mathrm{d}x \right] \right\} \qquad (2.15)$$

式（2.15）中，λ_i 表示常数。由此可见，如果某一年自然灾害发生较少，农业保险的承保面积和金额就会大幅下降；但在重大自然灾害发生之后的年份，家庭农场的承保意愿会明显加强。

从农业保险的供给端来看，假定保险机构通过出售农业保险使得自身期末收益最大化，保险机构出售农业保险的期末收益可表示为

$$\pi_s = n\varphi_s(w - c) - \varphi_s \sum_{i=1}^n PL_i \qquad (2.16)$$

式（2.16）中，π_S 表示保险机构的期末收益；w 表示保险机构出售农业保险所获得的每一单位保费收入；φ_s 表示风险发生的可能性大小；c 表示每单位保险保障水平的经营成本；n 表示每一保险公司拥有保险合约数量。作为理性经济人，保险机构出售农业保险产品的决策也基于收益期望效用最大化，根据保险机构利润函数可进一步刻画保险机构农业保险的供给特征，即

$$V = E(\pi_s) - \frac{1}{2}\varphi V(\pi_s) = n\varphi_s(w - c - PL) - \frac{1}{2}\varphi n\varphi_s^2 \sigma^2 \qquad (2.17)$$

根据式（2.17），短期内，保险机构在农业保险成本 c 和家庭农场购买农业保险数量 n 既定条件下，选择满足期末收益期望效用最大化的 φ_s，即

$$\frac{\partial V}{\partial \varphi_s} = (w - c - PL) - \varphi\varphi_s \sigma^2 = 0 \qquad (2.18)$$

式（2.18）反映了农业保险保障水平和保费关系的供给函数。在短期内，农业保险公司农业保险产品的供给水平与保费成正比，与保险经营成本、期望

损失和损失方差成反比，与参保农户数量无关。在农业保险的实际操作中，保险公司通常会在自然灾害发生较重年份后提高保险价格。

从上述分析可知，家庭农场通过购买农业保险能够有效分散风险，从而使收入稳定化，进而实现自身发展。然而，保险公司通常在自然灾害发生较重年份之后会提高保费，农业保险介入使得农产品供给曲线发生改变，作为农产品生产者的家庭农场，其消费者剩余是否增加并不确定。有学者从福利经济学的角度分析我国农险"需求不足，供给有限"的成因，认为农业保险在供给和需求两方面都存在正的外部性，并以此为理论依据提出农业保险必须由政府从供给和需求两方面给予补贴的政策主张（姜岩和李扬，2012；张伟等，2019；曹蕾等，2019；张海军，2019）。为此，本书将从"无补贴"和"有补贴"的角度分析农业保险对家庭农场效用的影响效应。

首先，图2.4刻画了无补贴情况下农业保险对家庭农场效用的影响。假设在一坐标轴中，横轴表示家庭农场参保率，纵轴表示农业保险价格，当政府不给予农业保险价格补贴时，家庭农场的保险需求曲线为 D_0，供给曲线为 S_0，此时家庭农场的消费者剩余为 ΔA，其参保率为 R_1。由于保险机构在设计农业保险时，主要考虑该项农业保险产品能否给自身带来的最大化收益，当家庭农场农业生产过程中遭受自然灾害或其他风险时，保险机构将以赔偿金的形式支付向投保的家庭农场支付一个最大无风险收益。所以，保险机构会进一步提高农业保险价格，如图2.4所示，当农业保险价格由 P_0 提高至 P_1 时，农业保险市场上正常年份的保险供给曲线由原来的 $P_0 S_0$ 移动至 $P_1 S_1$，家庭农场参保率有所降低，从 R_0 变为 R_1。当保险机构提高农业保险价格后，家庭农场的消费者剩余为 ΔB，也即图2.4中面积 $CP_1 E$（点 C 是保险需求曲线 D_0 与纵轴的交点），家庭农场福利净损失为 $\Delta A - \Delta B$，也即图2.4中面积 $EFP_0 P_1$。由此可见，当保险机构提高农业保险价格时，保费的提高导致供给曲线上移并且与需求曲线相交，此时消费者剩余减少，如果增加的消费者剩余小于农业保险价格数量，就会使得家庭农场效益出现净损失。所以，农业保险是保障家庭农场发展的有力金融工具，当家庭农场参保率提高时，农业保险能够为家庭农场在生产经营过程中面临的主要风险提供损失补偿，相反，当家庭农场参保率降低时，一旦家庭农场遭遇相关风险，就会使得经营收入减少，从而阻碍自身发展。

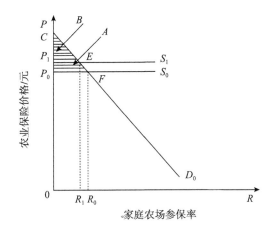

图 2.4　无补贴情况下农业保险对家庭农场效用的影响

其次，图 2.5 刻画了有补贴情况下农业保险对家庭农场效用的影响。当政府给予农业保险价格补贴时（补贴为 $P_0 - P_2$），实行农业保险价格补贴之后，家庭农场购买农业保险的费用可以由补贴分担，会有更多的家庭农场对农业保险产生需求。此时，农业保险市场上正常年份的保险供给曲线由原来的 $P_0 S_0$ 移动至 $P_2 S_2$，家庭农场参保率有所提高，从 R_0 变为 R_2。当政府给予价格补贴后，家庭农场的消费者剩余为 ΔG。由此可见，当政府对农业保险实行价格补贴时，保费的降低导致供给曲线下移并且与需求曲线相交，此时家庭农场的消费者剩余增加，如果其数量大于政府补贴的总成本，补贴就带来效用的净增加；如果家庭农场增加的消费者剩余小于政府补贴数量，就会使得家庭农场效用出现净损失。由此可见，如果农业保险价格低于风险预期收益，则家庭农场会选择购买农业保险来规避生产经营风险，此时，家庭农场收入与效用水平会有所增加；如果农业保险价格高于风险预期收益，则家庭农场将不愿意购买农业保险，此时，家庭农场收入与效用水平与农业保险无关；但是，通过引入农业保险补贴后，家庭农场通过购买农业保险可以更多地降低用于分散风险的费用，从而有助于提高家庭农场收入水平，有助于促进家庭农场发展。农业保险对家庭农场发展的作用机制过程可表述为：第一，家庭农场不购买农业保险—家庭农场预期效用减少—农产品产量增加—短期内农产品价格下降—家庭农场收入无法得到补偿—家庭农场效用降低；第二，家庭农场购买农业保险—家庭农场预期效用增加—农产品产量减少—短期内农产品价格上升—家庭农场收入得到补偿—家庭农场效用增加。

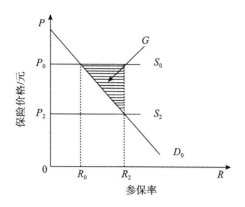

图 2.5　有补贴情况下农业保险对家庭农场效用的影响

综合上述分析，不难发现，农业保险能够为家庭农场经营过程中所遇到的各类风险提供了保障措施。例如，由于农产品市场弹性小，需求相对稳定，因此，农业规模化生产后，一旦由于市场信息不全导致决策失误，极易使得生产者陷入被动，且农产品的价格波动幅度较大，价格下行的时间有持续性，这些都使得家庭农场发展面临巨大风险，通过实施农业保险政策，能够有效提高农业产品的市场适应性，从而顺利实现家庭农场农业产业增加值。又如，家庭农场生产过程由于疏于防范而面临的经营风险可以利用农业保险的防灾功能、风险转移功能来促进自身增产增收，在保障家庭农场生产经营顺利运行的前提下，利用经营收益购买下一时期农业保险产品，如此循环，从而实现家庭农场良性发展。由此可见，家庭农场经营过程中所面临的风险需要通过农业保险来分担，农业保险在一定程度上与家庭农场收入存在正相关关系，即随着家庭农场购买农业保险的欲望加强，其对家庭农场收入的增加具有正向促进作用。此外，现阶段我国土地流转的相关政策仍有缺陷，土地流转缺乏专业的流程，所以，土地流转十分不规范，土地流出方不守信用拒绝履行合同约定的情况时有发生，由此引致的土地流转风险也造成了家庭农场重大的损失。此时，农业保险的介入有助于减缓农业生产经营风险，在土地流转合同签订之前，农业保险机构与双方签订相关的履约保险合同，当土地流出方不守信用拒绝履行合同约定时，投保的一方有权向农业保险机构申请补偿，然后农业保险机构再向土地流出方索要违约赔偿费用，这无疑有利于保障双方权益与义务。

最后，农业商业保险供给对家庭农场经营水平具有非线性影响效应。原因在于，农业经营收入作为家庭农场资金投入的一个重要组成，是决定家庭农场购买农业保险的首要因素。家庭农场的任何投资行为都需要基于一定的经济基础之上，没有经济基础家庭农场就无法实现农业投资。家庭农场收入是家庭农场投资建设并实现持久经营的必要前提，家庭农场需要稳定的收入来源来实现投资规模扩张，所以，家庭农场经营收入是影响家庭农场购买农业保险的主要因素之一。从经营收入影响家庭农场农业保险的主要路径来看：一方面，较低的农业收入水平会使得家庭农场无力购买农业保险，从而导致家庭农场自身对农业保险的需求大大降低，从而降低了家庭农场对外部风险的抵御能力。另一方面，对于理性的家庭农场来说，自然会把部分收入配置到农业保险领域，从而保障自身获得一个更高的农业收入水平，从而促进自身发展。这意味着，家庭农场收入水平越高，则自身对农业保险的需求就越高，此时，农业保险对家庭农场的风险补偿效应就越明显，也就越有利于促进家庭农场发展。所以，当家庭农场所购买的农业商业保险额度较低时，其对家庭农场经营收入的边际效应较小；反之，边际效应较大。根据农业保险影响家庭农场发展的理论分析，本书提出如下研究假说。

假说3：家庭农场由于农业先天的弱质性而面临着一定程度的自然灾害风险，同时由于农业制度变革，家庭农场还面临着一定的价格波动风险、土地流转风险、政策变动风险等，如果能够为家庭农场引入相应的农业保险产品，就能够增强家庭农场抵御自然灾害风险的能力，从而有利于家庭农场发展。

假说4：农业保险供给对家庭农场经营水平具有非线性影响效应，当家庭农场所购买的农业商业保险额度较低时，因无法规避可能存在的各种风险，其对家庭农场收入水平的边际效应较小；反之，其对家庭农场收入水平的边际效应较大。

图2.6描述了农业保险影响家庭农场发展的理论机制。

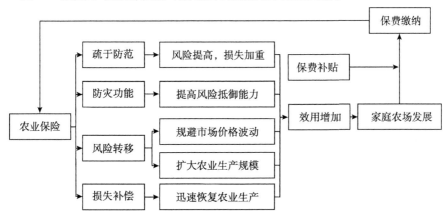

图2.6　农业保险影响家庭农场发展的理论机制

三、家庭农场发展的抵押担保支持理论机制分析

长期以来，我国农村金融服务较为匮乏，家庭农场因缺乏必要的抵押担保物，家庭农场发展面临着较为明显的金融约束，家庭农场经营过程中无法提供有效的财务信息、抵押担保物、经营状况说明等，无法从农村商业银行等正规金融机构获得农业生产所需的各类资金，使得家庭农场发展滞后。为了有效解决农村地区的"金融抑制"问题，我国政府自 2008 年推行了土地经营权抵押担保融资制度改革，目的是赋予农业经营主体更丰富的土地权能（张龙耀等，2015）。为了能够分析家庭农场发展的土地经营权抵押担保贷款理论机制，本书需要引入博弈论和信息经济学分析方法研究家庭农场在申请商业银行贷款时所面临的供给型融资约束形成机制，在此基础上提出抵押担保机制引入的必要性，进而揭示土地经营权抵押担保贷款对家庭农场发展的影响机制。在进行理论分析前，本书有如下前提假定。

假定 1：家庭农场在与商业银行进行博弈时，只有两种选项：还款与不还款，第一，家庭农场严格按照签订合同的要求按计划还本付息；第二，家庭农场不履行所签订合同的承诺，不按时还本付息。具体来说，家庭农场不还款由两种原因造成：一是道德因素，即家庭农场有还款能力而不愿意偿还贷款；二是能力因素，即家庭农场主观上愿意偿还贷款，但由于经营失误而丧失偿还贷款的能力。不失一般性，本书所讨论的不还款主要是因为道德因素而不愿意偿还贷款，也即家庭农场有能力而选择"赖账"。

在分析融资过程中，完全信息是指金融机构完全清楚家庭农场分别在获得贷款和未获得贷款情况下的收益情况，非完全信息则是指金融机构不完全清楚家庭农场分别在获得贷款和未获得贷款情况下的收益情况。在此前提下，需要进行如下基本假定。

假定 2：融资博弈处于完全信息状态下，即家庭农场和商业银行对自身和对方的行动和策略都拥有完全信息，家庭农场和商业银行所获得的信息足以使自身做出一个理性的判断或决策。

假定 3：家庭农场和商业银行同时发起融资行为，即融资博弈属于完全信息静态博弈，其均衡是纳什均衡。

1. 完全信息动态博弈下的家庭农场供给型融资约束理论机制

首先，本书将分析完全信息下家庭农场与商业银行进行一次性博弈的具体情况。对于家庭农场经营而言，要对一个项目进行投资，必须有足够的资金，

当内部资金无法满足投资需要时，外部融资则成为一个不可或缺的资金获得渠道，这就要求家庭农场在投资之前通过各种途径筹措项目所必需的资金，这个过程在经济学上称为融资。在一次性融资博弈中，当金融机构接受家庭农场的贷款申请，并且家庭农场按要求还本付息时，贷款到期日商业银行和家庭农场的收益可分别表示为：$B[(1+i)^n - (1+r_f)^n] - c$ 和 $B[(1+r_f) - (1+i)^n] - c$，二者的收益矩阵如表 2.3 所示。

表 2.3　完全信息下家庭农场与银行一次性博弈的收益矩阵

		家庭农场	
		还款	不还款
银行	贷款	$B[(1+i)^n - (1+r_f)^n] - c$, $B[(1+r) - (1+i)^n] - c$	$-B(1+i)^n - c, B(1+r) - c$
	不贷款	$B[(1+r_f)^n - 1], -c$	$B[(1+r_f)^n - 1], -c$

若商业银行接受家庭农场的贷款申请，而家庭农场没有按时偿还贷款和本息时，贷款到期日时，二者的收益分别为 $-B(1+i)^n - c$ 和 $B(1+r) - c$。假设双方交易时，不存在交易成本，那么由于机会成本的存在，该笔贷款会产生无风险收益，一旦家庭农场提出贷款申请，则会有 $-c$ 的收益，使得完全信息下家庭农场与商业银行一次性博弈达到（不贷款，不还款）的纳什均衡。由此可见，完全信息一次性融资博弈的情况下，家庭农场的最优策略是获得贷款而不按时还款，商业银行的最优策略是初始阶段不贷款，双方陷入"囚徒困境"，形成（不贷款，不还款）的纳什均衡，这会使得家庭农场处于严重的供给型融资约束状态。此时，若引入抵押担保物，在完全信息条件下，家庭农场和商业银行一次性博弈新的收益矩阵如表 2.4 所示。

表 2.4　具有抵押担保物的家庭农场与银行一次性博弈的收益矩阵

		家庭农场	
		还款	不还款
银行	贷款	$B[(1+i)^n - (1+r_f)^n] - c$, $B[(1+r) - (1+i)^n] - c$	$D - B(1+i)^n - c$, $B(1+r) - S - c$
	不贷款	$B[(1+r_f)^n - 1], -c$	$B[(1+r_f)^n - 1], -c$

根据表 2.4 中的结果，不难发现，引入抵押物以后，家庭农场不还贷的风险被降低了，当 $B(1+r) - S - c < 0$ 时，家庭农场唯一的理性选择就是按时偿还商业银行信用贷款。所以，家庭农场和商业银行在完全信息下进行一次性博

弈的过程中引入抵押担保物的最终结果是（贷款，还款），此时，家庭农场和商业银行均能实现自身利益的最大化。所以，通过为家庭农场引入有效抵押物的可以降低家庭农场所面临的供给型融资约束。

接下来，本书将分析完全信息下家庭农场与商业银行进行重复博弈的具体情况。家庭农场为了永续经营，其与商业银行直接的合作将会进行无限多次，假定家庭农场和商业银行的博弈重复 k 次，第 k 次贷款的期限为 n_k，第 k 次农业生产投资的收益为 r_k，则家庭农场和商业银行的长期收益可分别表示为

$$\sum_{k=1}^{+\infty} \frac{B(1+r_k) - B(1+i)^{n_k} - c}{(1+r_f)^k} = B\sum_{k=1}^{+\infty} \frac{(1+r_k) - (1+i)^{n_k} - \frac{c}{B}}{(1+r_f)^k}$$

(2.19)

$$\sum_{k=1}^{+\infty} \frac{B(1+i)^{n_k}}{(1+r_f)^k} - \sum_{k=1}^{+\infty} \frac{B+c}{(1+r_f)^k} = B\sum_{k=1}^{+\infty} \frac{(1+i)^{n_k} - 1 - \frac{c}{B}}{(1+r_f)^k}$$

(2.20)

假定家庭农场和商业银行的博弈重复 K 次时，家庭农场采取不归还商业银行信用贷款的策略，商业银行业选择将来不再接受该家庭农场申请信用贷款的策略，家庭农场在主动违约以后，因为知道商业银行肯定不会再次接受后续的贷款申请，所以家庭农场不再提出贷款申请，家庭农场和商业银行的收益始终为零。此时，家庭农场和商业银行的长期收益可分别表示为

$$\sum_{k=1}^{K-1} \frac{B(1+r_k) - B(1+i)^{n_k} - c}{(1+r_f)^k} + \frac{B(1+r_K) - c}{(1+r_f)^K} + \sum_{k=K+1}^{+\infty} \frac{0}{(1+r_f)^k}$$

$$= B\sum_{k=1}^{K-1} \frac{(1+r_k) - B(1+i)^{n_k} - \frac{c}{B}}{(1+r_f)^k} + \frac{1+r_K - \frac{c}{B}}{(1+r_f)^K}$$

(2.21)

$$\sum_{k=1}^{K-1} \frac{B(1+i)^{n_k}}{(1+r_f)^k} - \sum_{k=1}^{K-1} \frac{B+c}{(1+r_f)^k} - \frac{B(1+i)^{n_K}+c}{(1+r_f)^K} + \sum_{k=K+1}^{+\infty} \frac{0}{(1+r_f)^k}$$

$$= B\left[\sum_{k=1}^{K-1} \frac{(1+i)^{n_k} - 1 - \frac{c}{B}}{(1+r_f)^k} - \frac{B(1+i)^{n_K}+\frac{c}{B}}{(1+r_f)^K}\right]$$

(2.22)

相比较而言，家庭农场不还款获得的收益和家庭农场与商业银行保持长期合作关系所获得的收益为

$$B\sum_{k=1}^{K-1} \frac{(1+r_k) - B(1+i)^{n_k} - \frac{c}{B}}{(1+r_f)^k} + \frac{1+r_K - \frac{c}{B}}{(1+r_f)^K} -$$

$$B \sum_{k=1}^{+\infty} \frac{(1+r_k) - (1+i)^{n_k} - \dfrac{c}{B}}{(1+r_f)^k}$$

$$= B \left[\frac{(1+r_k) - \dfrac{c}{B}}{(1+r_f)^K} - \sum_{k=K}^{+} \frac{(1+r_k) - (1+i)^{n_k} - \dfrac{c}{B}}{(1+r_f)^k} \right] \quad (2.23)$$

当式（3-23）小于0时，则有

$$\frac{(1+r_k) - \dfrac{c}{B}}{(1+r_f)^K} < \sum_{k=K}^{+\infty} \frac{(1+r_k) - (1+i)^{n_k} - \dfrac{c}{B}}{(1+r_f)^k} \quad (2.24)$$

此时，理性的家庭农场不会选择不还款，家庭农场和商业银行始终会保持良好的合作关系。通过上述理论分析，不难发现，现阶段，家庭农场面临着较为严重的供给型信贷约束，这很大程度上阻碍了家庭农场发展，如果能够为家庭农场和商业银行设计一套可行的信任机制，那么双方在持续的合作过程中均能实现（贷款，还款）的双赢效果，与此同时，降低家庭农场出现供给型融资约束出现的概率。由此可见，完全信息状态下的重复静态融资博弈有助于家庭农场摆脱供给型融资约束。

2. 非完全信息动态博弈下的家庭农场供给型融资约束理论机制

现实经济运行过程中，家庭农场和商业银行之间很难实现信息对称性，这意味着，商业银行有时候难以掌握家庭农场的所有经营信息（包括家庭统计特征、资产与负债、收入与消费、金融与保险等方面的基本情况），因此，家庭农场和商业银行之间的博弈实际上处于信息不对称的情况下，总体上，商业银行处于信息劣势方，而家庭农场是处于信息的优势方，二者之间的博弈属于非完全信息博弈。假设商业银行通过对家庭农场的考察后，接受高投资回报家庭农场贷款申请的概率为 P_1，接受低投资回报家庭农场贷款申请的概率为 P_2，如果家庭农场不向商业银行申请贷款，那么家庭农场和商业银行的收益均为0。如果家庭农场向商业银行申请贷款，且商业银行向家庭农场提供信用贷款，则有如下两种可能：

第一，家庭农场利用贷款获得高额投资回报，及时偿还贷款本息，那么商业银行和家庭农场的收益分别为 $BP_1[(1+i)^n - (1+r_f)^n] - c$，$BP_1[(1+r) - (1+i)^n] - c$。

第二，家庭农场利用贷款获得较低的投资回报，不能按要求还本付息，出现违约现象，那么商业银行和家庭农场的收益分别为 $-BP_2(1+i)^n - c$，

$BP_2(1+r)-c$。图2.7为家庭农场和商业银行的博弈流程图。

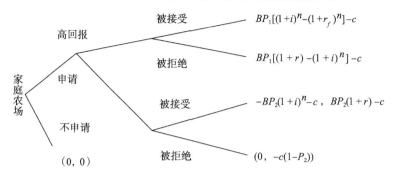

图2.7 非完全信息条件下家庭农场和商业银行的博弈流程

显然，对于高投资回报的家庭农场来说，只要满足 $BP_1[(1+i)^n-(1+r_f)^n]-c>c(1-P_1)$，那么家庭农场就会选择贷款，如果家庭农场不申请贷款，那么家庭农场和商业银行的博弈就会达到（0，0）的均衡结果。此外，如果满足 $BP_1[(1+i)^n-(1+r_f)^n]-c>BP_2(1+i)^n+c$，商业银行就会对家庭农场发放贷款，否则，双方就会形成（0，$-c(1-P_2)$）的均衡结果。对于低投资回报的家庭农场来说，只要满足 $BP_2(1+r)-c<c(1-P_2)$，其唯一的策略就是不申请贷款，那么家庭农场和商业银行的博弈就会达到（0，0）的均衡结果，否则家庭农场将会在明知自己将违约的情况下仍然申请贷款，商业银行将有可能遭受损失。所以，家庭农场需要有高回报的同时才去申请贷款，而且低回报率的家庭农场不去申请贷款，此时，家庭农场和商业银行的博弈才会实现均衡。

通过上述分析，不难发现，当存在信息不对称时，如果商业银行对家庭农场农业生产投资的回报率识别越准确，就越容易实现博弈双方的有效均衡，降低供给型融资约束，若商业银行对家庭农场农业生产投资的回报率评估存在偏差，就可能使自身遭受一定的贷款损失，从而使家庭农场面临较高的供给型信贷融资约束。此时，如果为家庭农场引入相应的抵押担保物，则能够缓解逆向选择问题，从而有效降低家庭农场出现供给型融资约束发生的概率，提高家庭农场金融可得性程度，使得双方在持续的合作过程中均能实现双赢效果。不仅如此，通过引入确定价值的抵押担保物能在很大程度上缓解金融机构与家庭农场之间存在的信息不对称问题，就农村信贷市场的实际情况而言，只要家庭农场能提供合适的抵押担保物，正规的金融机构也不会将其拒之门外。所以，抵押担保机制的引入能够拓宽家庭农场的信贷渠道，极大提高家庭农场的信贷可得性程度，从而有助于缓解家庭农场所面临的信贷约束困境，进而对家庭农场发展产生积极影响。

近年来，我国各地区大力开展农村土地承包经营权抵押担保贷款试点工作，为家庭农场发展提供了有效的金融手段工具，有效弥补了长期以来家庭农场因缺乏必要的抵押担保物，这也使得传统的抵押担保业务开始逐步向农村地区延伸。抵押担保业务通过给家庭农场提供有效的信用担保方式而增加其信贷可得性来支持农业生产经营，通过大量释放融资信贷来满足日益扩大的规模化生产，通过融资信贷的充足提高机械化农业发展，从而推动家庭农场发展。此外，根据规模报酬递减理论，当某一要素持续增加时，其对产出的边际效应会逐步递减，抵押担保对家庭农场发展的影响也不例外。有研究指出，由政府主导的农地抵押担保贷款目前尚处于试点阶段，在法律上认可程度较低，同时，"政府主导型"农地抵押担保贷款的大部分贷款户是由原先的担保贷款户转变而来的，金融机构开展农地抵押担保贷款业务的意愿并不强烈（汪险生和郭忠兴，2014；张珩等，2018）。另外，由市场主导农地抵押担保贷款的贷款户大多是以前无法从正规金融机构获得贷款的农户，因而客户群体对"市场主导型"农地抵押担保贷款的接受度明显较高，对农地抵押担保贷款的行为响应较好（曹瓅和罗剑朝，2015；林乐芬和俞涔曦，2016；牛晓冬等，2017）。所以，在农地抵押担保贷款业务推行的初级阶段，随着抵押担保贷款业务总量的增加，其对家庭农场发展的边际效应会呈现逐步递减的变化规律。这意味着，抵押担保对家庭农场经营水平具有非线性影响效应，当抵押担保供给水平低于某一水平时，每提高一个标准单位的抵押担保供给，其对家庭农场发展的边际效应较大；反之，其对家庭农场发展的边际效应较小。

由此可见，抵押担保为家庭农场发展提供了有效的金融手段工具，有效弥补了长期以来家庭农场因缺乏必要的抵押担保物而无法从正规金融机构获取资金的缺陷。总体而言，开展土地经营权抵押担保贷款业务有助于家庭农场发展，同时，土地经营权抵押担保贷款对家庭农场经营水平具有非线性影响效应，其对家庭农场发展的影响具有"先递增，后下降"的非线性影响效应。基于上述分析，本书提出如下研究假说：

假说5：抵押担保为家庭农场发展提供了有利的融资途径，为商业银行和家庭农场搭建了有效的信用体系，增加了家庭农场农业信贷供给，有助于促进家庭农场发展。

假说6：抵押担保对家庭农场经营水平具有非线性影响效应，当抵押担保供给水平低于某一水平时，每提高一个标准单位的抵押担保供给，其对家庭农场发展的边际效应较大；反之，其对家庭农场发展的边际效应较小。

结合前文理论分析结果，本书进一步绘制了家庭农场发展的金融工具支持理论机制图，具体如图 2.8 所示。

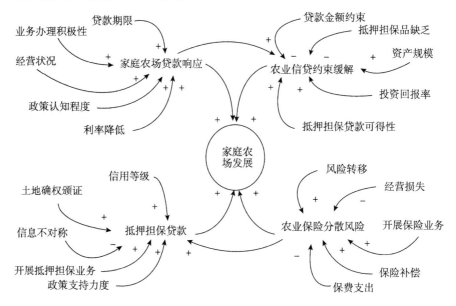

图 2.8　家庭农场发展的金融工具支持理论机制

注：＋、－分别表示正向、负向作用。

第五节　本章小结

　　家庭农场是我国农业规模化经营的有效实现形式，是构建现代农业经营体系不可或缺的重要生产主体。本章首先对核心概念家庭农场、金融支持和金融工具进行了严格界定，通过对已有研究的整理和总结提出了本书对于家庭农场和金融支持有关内涵的认识。其次，梳理了国内外关于农业经济管理领域的相关理论，主要包括生产效率理论、产业组织理论、交易费用理论、农业金融支持理论。最后，本章通过借鉴已有学者的研究成果，进行了金融工具的选择，明确了本研究的重点内容。本书主要选取了农业信贷、农业保险和抵押担保作为研究金融支持家庭农场发展的重点金融手段工具，并且详细分析了农业信贷、农业保险和抵押担保支持家庭农场发展的作用原理。基于各类金融工具对家庭农场的作用原理，本章进一步对金融工具支持家庭农场发展的理论机制进行了分析，构建了金融支持家庭农场发展的分析框架，从而为后文的实证研究奠定了坚实的理论基础。

第三章 家庭农场发展的金融供需
现状与问题分析

前文对家庭农场发展的投融资作用机制进行了理论分析，构建了金融支持家庭农场发展的理论分析框架。接下来，本书通过实地调研来厘清家庭农场发展的融资需求和金融支持现状以及家庭农场存在的融资约束问题，为后文的实证分析和理论构建奠定基础。家庭农场金融供需现状调研需要耗费大量的人力、物力与财力，受各方资源的限制，本书的研究只能选择具有典型代表性的区域作为样本数据的来源。在全国范围内探索家庭农场的做法中，山东是目前推动力度较大、配套政策较完善、金融服务较深入、金融支持作用效应较好的地区之一。不仅如此，山东家庭农场所面临的融资约束较大，难以满足山东家庭农场发展的需要，这些特点与我国整体情况较为类似。因此，以山东为例进行研究在一定程度上具有较高的推广和应用价值。

第一节 山东家庭农场发展的金融供需调查方案

一、调查目的与调查对象

1. 调查目的

具体而言，本次调查的目的主要体现在以下四个方面。

首先，基于当前我国大力培育新型农业经营主体的时代背景，本书将深入了解山东家庭农场的投资生产意愿、投资行为特征、投资经营效率，了解山东家庭农场融资需求特点，资金支持状况和资金支持效应，科学设计山东家庭农场生产投资政策，为调动山东金融机构的积极性，促进山东家庭农场的可持续发展提供有力的实证依据。其次，分析山东家庭农场的现有投资特点和融资需求，明确山东家庭农场的投资特征和融资意愿，为山东金融机构农业金融产品设计和服务创新提供充分的支持依据。再次，分析山东家庭农场短期投资周期的基本趋势，剖析制约当前山东家庭农场可持续投资的主要因素，旨在为山东家庭农场的投资体制与政策环境优化提供现实依据。最后，明确山东家庭农场融资难和融资贵的根本原因，以及促进山东家庭农场可持续融资的制约因素，旨在为山东家庭农场的融资体系和政策环境优化提供实践依据。

2. 调查对象

本书主要针对以下几类对象展开深入的调查。

第一，家庭农场。家庭农场是农业和农村经济发展的主要农业管理实体。由于家庭农场涉及大量生产性投资，较普通的小型农户而言，有着更多的融资需求。为更精准地了解山东家庭农场的投融资行为以及财政支持对其的影响，本书选择能够代表山东家庭农场发展水平的291个省级示范家庭农场为样本来进行家庭农场金融需求的调查，这个发展阶段的家庭农场在投融资需求方面更加全面、更有代表性。同时，鉴于数据获取以及数据剥离的难度，本书没有针对样本家庭农场的规模大小和生产类型进行区分。

第二，农村金融机构。农村金融机构可以为家庭农场以及不同类型的新型农业经营主体提供金融服务和信贷支持。因此，在调查中，本书还选择对中国农业银行、山东农村信用合作社以及山东农业融资担保有限责任公司等多种类型的金融机构进行研究。通过研究，本书可以更加客观、全面地了解山东金融机构对家庭农场的具体支持现状。

第三，政府有关部门。鉴于农业发展牵涉农业部门、财政部门、国土部门等相关行政管理单位，本书在调查过程中，也选择了部分地区的农业部门和财政部门就现代农业投融资政策进行了相关访谈调查。

二、调查方法与调查内容

1. 调查方法

由于我国家庭农场培育的时间并不长，目前也没有足够的数据资料可供研究和参考，也没有专门的国家年度权威数据发布。所以，研究家庭农场发展的具体情况更需要深入细致的问卷调查。鉴于此，本书将采用问卷调查、访谈调查、现场走访相结合的调查方法来搜集山东家庭农场的微观数据，具体的调查计划技术路线如图3.1所示。

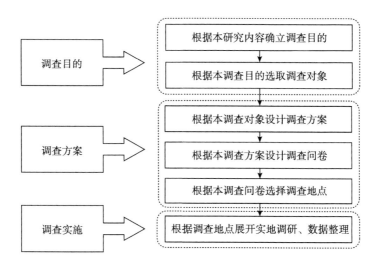

图 3.1 本书实地调查所采用的技术路线

本书的问卷调查主要进行定量数据的收集与分析，调查对象是家庭农场和金融机构。访谈调查主要进行定性资料的收集与分析，具体而言，本书的调查方法主要分为三个步骤。

首先，根据经济发展水平，将山东所有区（县）分为上、中、下三个层次，并在每个层次中随机选择三个区（县）确定为样本区（县）。

其次，将样本区（县）中的乡镇同样按经济发展水平分为上、中、下三个层次，在每个层次中随机选择一个乡镇，并在每个乡镇中选择一个经济发展水平位于中间位置的村，由此将本研究的样本区域进行详细的划分。

最后，在样本村村干部带领下对济南市、青岛市、济宁市、临沂市、潍坊市、菏泽市、东营市、烟台市、枣庄市、德州市、滨州市、莱芜市、日照市、淄博市等 17 个主要城市的 120 余个区、县、镇、村的家庭农场进行逐一问卷和访谈调查。

2. 调查内容

一是家庭农场基本情况。主要包括家庭农场类型、负责人情况、组织规模、经营要素获取情况、土地取得形式及其成本、主要经营业务、社会资本、经营困难等。同时，还包括近年来的总资产、总收入、总负债、总成本、毛收入、纯收入等基本经济情况，这些都是影响家庭农业投资行为及融资需求的重要因素。

二是家庭农场的投资情况。主要包括近年来的资金投入情况、接受财政补助方式、接受金融支持方式、对财政和金融支持满意度等。据此，深入了解融资需求方的投资结构、资金来源结构和金融支农的满意情况。

三是家庭农场的资金需求，融资现状及影响因素。主要包括资金需求数量、用途、借款渠道、业务往来银行、民间借贷情况和融资渠道选择等影响因素。

四是家庭农场向金融机构贷款的情况。主要包括处理时间、借款机构、贷款金额、贷款数量、贷款期限、借款利率、抵押品、额外费用、逾期利息等。在此基础上，我们将了解家庭农业贷款的实际需求以及金融机构的贷款和融资成本。此外，本书还进一步调查了家庭农场参与农业保险、抵押担保的具体情况，主要包括缴纳费用、理赔金额、保障主体、抵押担保需求、抵押担保贷款等。

五是家庭农场对现代农业投融资政策的问题、满意度和政策建议。主要包括财政支农政策、金融支农政策、农业用地政策、农业投资政策、农业产业规划政策等存在的主要问题和满意度等，在此基础上，我们将了解家庭农场投融资政策存在的问题以及未来改革的主要方向。

三、有效样本

实地调研对于本书获取山东省家庭农场的微观数据具有十分重要的意义，本书在确定调研样本地区后，为了使收集的数据更具代表性和真实性，在各区域选择采取分层抽样法进行调研。本书一共进行了两轮调查，第一轮在 2019 年 6—8 月对被选择区域的家庭农场各方面展开了问卷调查和实地调研，一共发放问卷 291 份，回收有效问卷 291 份，有效样本率达到 100.00%。各个市、区、县、镇、村最终收集到的样本数分别为：潍坊市 34 家，占比 11.68%；青岛市 30 家，占比 10.31%；临沂市 26 家，占比 8.93%；济南市 19 家，占比 6.3%；淄博市 18 家，占比 6.19%；济宁市 18 家，占比 6.19%；德州市 17 家，占比 5.84%；烟台市 17 家，占比 5.84%；菏泽市 15 家，占比 5.15%；滨州市 15 家，占比 5.15%；泰安市 15 家，占比 5.15%；东营市 14 家，占比 4.81%；枣庄市 13 家，占比 4.47%；聊城市 12 家，占比 4.12%；威海市 11 家，占比 3.78%；日照市 10 家，占比 3.44%；莱芜市 7 家，占比 2.41%。调查区域单位的有效样本数分布如图 3.2 所示。第二轮在 2019 年 10—12 月对被选择区域的农村金融机构和相关政府部门进行了问卷调查和实地访谈。对被选择区域的涉农商业银行各个方面展开了问卷调查，主要选择了上述各类银行的市分行或总行，样本主要涉及济南市、青岛市、济宁市、烟台市、枣庄市、德州市、滨州市、淄博市、莱芜市等地主要涉农金融机构，共16家样本金融机构，对金融机构开展各类抵押贷款的意愿进行了调查。

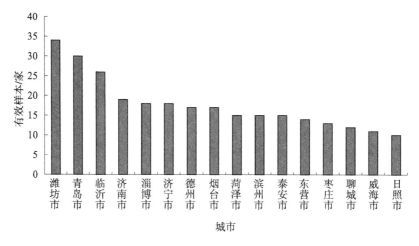

图3.2　问卷调查的有效样本城市分布情况

第二节　山东家庭农场金融需求与金融资源获取分析

一、山东家庭农场资产状况与经营效果分析

本节将通过描述性统计分析，对家庭农场的资产分布与经营状况趋势进行分析，以厘清目前山东家庭农场的发展状况及未来趋势。图3.3和图3.4分别显示了山东家庭农场农用机械数量以及农用设施数量的具体情况。整体上，本书调研的山东291个家庭农场所有的农机价值15 079.598万元，平均51.8199万元；所有的农用设施价值为64 154.16万元，平均220.4610万元；所有的农机价值与所有的农用设施价值之和为79 233.758万元，平均272.2810万元。具体而言，拖拉机或农用车、耕地机、喷药机、抽水机的数量较多，均在200台以上，分别为250台、206台、235台和237台，碾米机最少，仅为1台。由此说明，现阶段，山东家庭农场的耕作方式主要还是以小型机械化的耕作方式为主，大型机械化的耕作方式并不常见，这也说明现代技术在山东家庭农场之中并没有得到很好的推广和应用。

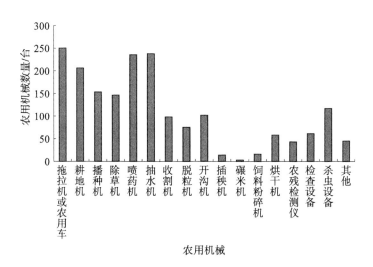

图 3.3　山东家庭农场农用机械数量

图 3.4 显示了山东家庭农场农用设施数量的具体情况，本书调研的山东
291 个家庭农场，冷库或仓库、晾晒场、禽畜棚舍、塑料大棚、农机库棚、办
公设施的数量较多，均在 100 座以上，分别为 173 座、146 座、102 座、129
座、184 座和 267 座。由此说明，现阶段，山东家庭农场的办公设施和冷库或
仓库面积最大，而真正用于农业生产的农业设施并不多。

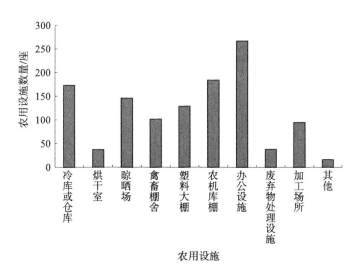

图 3.4　山东家庭农场农用设施数量

最后，山东家庭农场整体经营状况。总成本 63 528.6938 万元，平均值 218.3117 万元；毛收入 21 812.3700 万元，平均值 74.9566 万元；纯收入 8636.8087 万元，平均值 29.6798 万元。其中，毛收入与总成本之比为 34.33%，纯收入与总成本之比为 13.60%。

二、山东家庭农场投入要素与投资绩效分析

1. 山东家庭农场的投入要素分析

家庭农场投资行为是决定实际农业投资规模的重要因素之一。家庭农场的农业投资行为起源于农业投资意愿，而农业投资意愿转化为农业投资行为，所以，家庭农场本身需要有较为雄厚的资本实力。当前山东家庭农场尚处于快速发展阶段，由于农业投资具有巨大的自然风险和市场风险，家庭农场在将投资意愿转化为实际投资行为时往往表现得十分谨慎。投资家庭农场的意愿越高，农民扩大农业生产经营的意愿就越强。农场主可以根据自身需求扩大农业投资规模，通过投入资金和技术，使得地方资源要素不断得到整合以及优化配置，从而进入更大区域的市场一体化发展中，利用更大范围的市场网络收集和传递信息，提高生产效率（衣莉芹，2021），从而促进山东传统农业加速向现代农业发展。因此，提高家庭农场投资农业的意愿，必将成为山东家庭农场实现快速发展的重要目标。表3.1 显示了山东家庭农场的投资因素。

表3.1 山东家庭农场农业投资要素

项 目	选项	投入数量	投入费用/万元	所占比例/%
家庭农场人力资本投入	自有劳动力/个	1545	3431.5686	35.53
	雇用劳动力/个	2804	6227.9083	64.47
家庭农场土地资源投入	经营面积/亩	139 749.87	—	100.00
	自有土地/亩	4664.97		3.33
	流转土地/亩	135 084.90		96.67
家庭农场农用机械投入	农用机械/台	1857	15 079.5600	100.00
家庭农场农用设施投入	农用设施/座	1187	64 154.1600	100.00

数据来源：根据调研数据计算整理得到。

投资是推动经济增长的核心动力之一，以下将对被调查的家庭农场的投入要素及现状进行分析。

首先，在 291 个有效的样本家庭农场中，本书询问了有关受访者的问题。其中，当被问到"家庭农场人力资本投入"的相关问题时，被调查的家庭农场自有劳动力投入总数为 1545 个，投入费用总额为 3431.5686 万元，它占有效样本总数的 35.53%，而接受调查的家庭农场的就业总人数为 2804 人。投入费用总额为 6227.9083 万元，占有效样本总数的 64.47%。这组数据表明，在山东家庭农场发展过程中，就人力资本要素的投入而言，与自有劳动力投入相比，雇用劳动力的投资比例非常之高，几乎占到了整个家庭农场投入劳动力的 50% 以上。

其次，在对被调查对象提问"家庭农场土地资源投入"的相关问题时，不难发现，在 291 户有效样本家庭农场中，土地经营总面积为 139 749.87 亩。其中，自有土地 4664.97 亩，占有效样本总量的 3.33%，流转土地面积 135 084.90 亩，占有效样本总数的 96.67%。可以看出，山东家庭农场在经营过程中，主要通过流转土地来扩大农业经营面积，这也是山东家庭农场发展的一个重要特征。

再次，在对被调查对象提问"家庭农场农用机械投入"的相关问题时，不难发现，家庭农场农用机械投入 1857 台，家庭农场农用机械总价值为 15 079.5600 万元。由此表明，现阶段山东家庭农场在农用机械投入方面有一定幅度的增长，但是由于长期以来山东家庭农场的小农经营模式，这可能会对山东家庭农场农用机械投资产生明显的抑制作用。

最后，在对被调查对象提问"家庭农场农用设施投入"的相关问题时，不难发现，家庭农场农用设施投入 1187 座，家庭农场农用设施总价值为 64 154.1600 万元。这也表明，山东家庭农场生产经营规模在不断扩大，然而，目前山东现代农业还处于创业风险较高的初级阶段，农业现代化进程才刚起步，农业还远未成为强势强效产业，使得主要依靠家庭农场内生性的农业投资机制还远未形成。因此，如何提高家庭农场投资现代农业的意愿，以便促进现代农业可持续发展，已成为相关部门面临的现实难题。

2. 山东家庭农场的投资绩效分析

高效便捷的现代农业投资体制有利于促进家庭农场的专业化生产经营水平，高效便捷的现代农业投资体制对于指导农业供给侧改革，提高农业质量和效率也至关重要（蔡元杰，2018）。总体而言，在完善的农业市场体系和市场制度条件下，科学合理的现代农业投资体制，能够促进农业产业链分工和农业产业结构的优化，促进家庭农场提高自身运营效率。下文主要对被调研家庭农场的投资绩效进行详细分析，具体会用到非参数分析方法——数据包络分析法（Data Envelopment Analysis，DEA），数据包络分析法是效率测评较为有效的非参数估计方法之一。鉴于此，本书采用数据包络分析法对山东家庭农场的投资绩效进行测度，并以山东家庭农场的劳动力费用（万元）、所有的农机与农用设施价值（万元）、农场经营土地总面积（亩）为投入变量，以山东家庭农场的投资收益作为产出变量。

本书运用 DEAP 2.1 软件对山东 291 个家庭农场的投资绩效进行测度，结果表明：山东 291 个家庭农场的平均综合技术效率为 0.8171，平均纯技术效率为 0.9005，平均规模效率为 0.9105。其中，171 个家庭农场处于规模收益递增阶段，占 58.76%，83 个家庭农场处于规模收益递减阶段。比例为 28.52%，有 37 个家庭农场处于规模收益不变阶段，占 12.72%。从投资效率所处的阶段特征来看，山东 291 个家庭农场的综合技术效率、纯技术效率和规模效率尚未达到效率前沿。通过对比分析可以看出，综合技术效率低于纯技术效率和规模效率，纯技术效率低是导致这一结果的主要原因。说明效率还有进一步的提升空间。与此同时，37 个家庭农场已处于效率前沿，效率值为 1，而处于非效率边界家庭农场的纯技术效率值通常低于规模效率值。结果表明，家庭农场的低投资水平和管理水平是制约其绩效的主要原因。从家庭农场所处的规模报酬阶段来看，大多数家庭农场的投资规模并未达到最优水平，所以，山东 291 个家庭农场的投资规模还有进一步的提升空间。

经分析大多数样本的综合技术效率主要集中于 0.70 ~ 0.90 区间段；大多数样本的纯技术效率主要集中在 0.80 ~ 1.00 区间段，且大多数样本的纯技术效率值在 0.80 ~ 1.00 区间段居多；规模效率的分布与纯技术效率的分布是一致的，且大多数样本的规模效率值在 0.80 ~ 1.00 区间段。

三、山东家庭农场金融需求与金融资源获取分析

1. 山东家庭农场金融需求现状

目前，山东家庭农场资产规模普遍不高，年经营收入在扣除成本、经营费用之后的资金所剩不多，由此使得金融机构在信贷过程中面临一定的困难。此外，相对于非农生产行业来说，家庭农场的生产边际产出率普遍较低，面临自然和经济双重风险，同时还受到来自同行业的竞争压力，家庭农场为了生存和发展，有必要扩大生产规模，降低成本和风险，这无疑会使得家庭农场对农业贷款、农业保险和抵押担保融资的刚性需求大为增加。为此，分析山东家庭农

场的金融需求现状是十分必要的。同时，为了从微观层面揭示金融支持家庭农场发展的运行机制，本书选取了样本家庭农场中的三个有代表性的家庭农场来分析其金融资源获取，这三个家庭农场在生产经营方式、金融产品需求、金融产品获取等方面均存在显著的差异性特征，这三个家庭农场均获得了农业信贷、农业保险和抵押担保的金融支持，这有利于本书对比分析组合性金融工具支持家庭农场发展的具体情况。

A家庭农场位于山东省济南市历城区唐王镇老僧口村。济南位于山东省的中部，土地资源总面积7998平方千米。济南是中国东部沿海经济大省——山东省的省会，全省政治、经济、文化、科技、教育和金融中心，重要的交通枢纽。2018年，济南市坚持规划引领，强化双招双引，综合经济实力再上新台阶。济南市持发展第一要务，大力实施"人才、产业、科技、文化"四大强区战略，现代经济体系建设取得积极进展。经济实力不断攀升。2018年，济南市国内生产总值增长8.5%，增速居全市前列，同时，社会消费品零售总额、固定资产投资分别增长幅度分别为11%、12%。

2018年，本研究进行实地调研时，A家庭农场法人代表51岁，初中文化程度，一共5口人，其中，家庭劳动力3人，雇用劳动力16人。家庭农场主在经营该农场以前，主要从事交通货运行业，拥有4辆大货车，年纯收入20多万元。2011年家庭农场主无意中发现了经营茶叶有着广阔的前景，毅然放弃了运输业务，通过自有土地和流转土地办起了茶叶家庭农场。2012年，A家庭农场的茶叶种植面积为400亩；2013年，A家庭农场的茶叶种植面积增加至500亩；2014年，A家庭农场的茶叶种植面积达到700亩；2015年，A家庭农场的茶叶种植面积达到800亩；2016年，A家庭农场的茶叶种植面积增加至900亩；2017年，A家庭农场的茶叶种植面积达到1000亩。经过近几年的发展，A家庭农场的茶叶种植取得了良好的经济效益，2017年A家庭农场的年毛收入和年纯收入分别为40.12万元、28.30万元，经营效益明显高于其他家庭农场。随着茶叶种植效益的不断提高，农场主的家庭经济状况得到了改善，当前农场拥有充足的生产经营资金，购置了楼房、家用轿车、大型生产农机具，从而走上了种茶致富的道路。

B家庭农场位于山东省潍坊市诸城市枳沟镇玉皇村。潍坊市土地总面积1.61万平方千米，其中农用地115.81万公顷（耕地79.54万公顷，基本农田69.46万公顷），占总面积71.74%；建设用地30.90万公顷，占总面积19.14%；未利用地14.73万公顷，占总面积9.12%。2017年，潍坊市生产总值为5858.6亿元，按可比价格计算，增长7%。一、二、三、四季度生产总值累计分别增长7.7%、7.8%、6.9%、7%。其中，第一产业增加值493.3亿元，增长3.5%；第二产业增加值2671.3亿元，增长5.8%；第三产业增加值2694亿元，增长8.9%，三次产业占比为8.4∶45.6∶46。第一、第二、第三产业对经济增长的贡献率分别为4.2%、40.9%和54.9%，分别拉动生产总值增长0.29、2.86和3.85个百分点。

近年来，潍坊市构建现代产业体系取得新突破。全市"1669"产业实现增加值4060亿元，占地区生产总值的69%。品牌农业方面，新增农业"三品一标"数量59个，销售过亿元农业龙头企业达222家。全市土地流转面积371.2万亩，占家庭承包耕地面积的39.2%。

2018年，进行实地调研时，B家庭农场的农场法人代表57岁，初中文化程度，全家5口人，劳动力3人，雇用劳动力10人。农场主本人在经营该家庭农场之前，主要雇用劳动力给村里其他家庭农场种植烟草，考虑到目前我国烟叶生产政策好、烟草扶持力度大，越来越多的人靠经营家庭农场发家致富2012年，B家庭农场成产。2013年，B家庭农场的烟叶种植面积为300亩；2014年，B家庭农场的烟叶种植面积达到400亩；2015年，B家庭农场的烟叶种植面积达到500亩；2016年，B家庭农场的烟叶种植面积增加至600亩；2017年，B家庭农场的烟叶种植面积达到700亩。2017年家庭农场年毛收入和纯收入分别为46.12万元和25.11万元，经营效益较为可观。随着烟叶种植效益越来越好，农场主购置了楼房和家用轿车，生活也越过越好。

C家庭农场位于山东省临沂市郯城县港上镇徐圩子村。临沂市位于山东省东南部，地近黄海，东连日照，西接枣庄、济宁、泰安，北靠淄博、潍坊，南邻江苏。临沂市地处鲁中南低山丘陵区东南部和鲁东丘陵南部，土层深厚，土质肥沃，是粮食和蔬菜主要产区，素有"粮仓"之誉。2018年临沂市全市实现地区生产总值4717.8亿元，按可比价格计算，比上年增长7.3%。其中，第一产业增加值369.7亿元、增长3.1%，第二产业增加值2028.8亿元、增长7.6%，第三产业增加值2319.4亿元、增长7.8%。

2018年，进行实地调研时，C家庭农场法人代表47岁，高中文化程度，全家4口人，劳动力2人，雇用劳动力6人。农场主在创办C家庭农场之前，家庭农场主及其家人主要在外务工，然而，伴随近年来经济环境不景气，各行各业开始出现大量裁员，家庭农场主及其家人无奈选择返乡另谋出路。2013年，农场主回村时发现家乡出现了巨大变化，原来是种粮条件比之前大幅改善，政府出台了一系列鼓励农村土地流转的政策措施，种粮所获的财政补贴较之前也有了大幅度提升，使得家乡农民种粮效益显著提高。C 家庭农场主在和家人商量之后，决定资金创办家庭农场，通过粮食种植来实现自己的财富梦想。2013 年，C 家庭农场的粮食种植面积为 50 亩；2014 年，C 家庭农场的粮食种植面积达到 60 亩；2015 年，C 家庭农场的粮食种植面积达到 80 亩；2016 年，C 家庭农场的粮食种植面积增加至 100 亩；2017 年，C 家庭农场的粮食种植面积达到 150 亩。2014—2017 年，C 家庭农场年均纯收入维持在 6~8 万元，这明显高于之前打工所得收入。

表 3.2 显示了山东家庭农场对金融服务的需求情况。有 271 个家庭农场回答"有"银行信贷服务需求，占样本总数的 93.27%，回答"无"银行信贷服务需求的家庭农场只有 20 家，占有效样本总数的 6.73%。同时，抵押担保服务需求也比较高，在 291 家有效样本家庭农场中，有 248 个家庭农场回答"有"抵押担保服务需求，占有效样本总数的 85.32%，只有 43 个家庭农场认为自身"无"抵押担保服务需求，占有效样本总数的 14.68%。此外，农业保险服务需要也很高，在 291 家有效样本家庭农场中，有 232 个家庭农场回答"有"农业保险服务需求，占有效样本总数的 79.87%，只有 59 个家庭农场认为自身"无"农业保险服务需求，占有效样本总数的 20.13%。由此说明，当前，山东家庭农场普遍都存在金融服务需求，尤其是银行信贷需求显得十分普遍而迫切。

表 3.2　山东家庭农场对金融服务的需求状况

金融服务需求类型	有需求		无需求	
	样本数	占比/%	样本数	占比/%
银行信贷服务	271	93.27	20	6.73
抵押担保服务	248	85.32	43	14.68
农业保险服务	232	79.87	59	20.13

资料来源：根据调研数据计算整理得到。

表 3.3 显示了三个典型家庭农场银行信贷获得情况。由表 3.3 可知，2018 年，家庭农场 A 总共投资 120 万元，其中，自有资金 80 万元，通过农村商业银行借贷 40 万元，借贷期限为 5 年，家庭农场 A 投资主要用于基础设施建设和支付雇工费用；同时，家庭农场 A 的实际贷款需求应该为 60 万元，因此，目前还存在 20 万元的资金缺口。家庭农场 B 投资共 70 万元，其中自有资金

50 万元，通过农村信用社借贷 20 万元，借贷期限为 3 年，其投资主要用于支出购买农用机械、雇工费用，家庭农场 B 的实际贷款需求应该为 30 万元，因此，目前还存在 10 万元的资金缺口。家庭农场 C 投资共 40 万元，其中，自有资金 30 万元，通过农村信用社借贷 10 万元，借贷期限为 3 年，其投资主要用于支出雇工费用。

表 3.3　典型家庭农场银行信贷获得状况

项目	家庭农场 A	家庭农场 B	家庭农场 C
自有资金/万元	80	50	30
银行信贷/万元	40	20	10
融资渠道	农村商业银行	农村信用社	农村信用社
融资期限/年	5	3	3
贷款实际需求/万元	60	30	20
主要用途	基础设施投资、雇工	购买农用机械、雇工	雇工

资料来源：调研数据。

不难看出，三个典型家庭农场生产经营主要以自有资金为主。三个典型家庭农场均有不同程度的贷款需求，贷款需求相对较强。贷款需求主要集中在商业银行信贷形式，借贷期限均不长，其投资主要用于支付雇工费用以及日常生产需要。本书通过实地考察发现：当前山东家庭农场的信贷需求还未得到根本性的满足，由于处于发展期间的家庭农场对短期投资的建设资金需求较多，如果家庭农场资金不足，无疑会削弱其生产的积极性，导致家庭农场发展步伐缓慢，从而对我国现代农业经营体系构建造成不利影响。

2. 山东家庭农场金融需求特征

根据表 3.4 的调研数据可知，目前山东家庭农场的资金需求状况主要呈现出了以下几个重要特征。

一是资金需求量期望较大。在接受调查的 291 个家庭农场中，有 119 个家庭农场申请银行贷款，占有效样本总数的 40.89%；有 68 个家庭农场未申请过银行贷款，占有效样本总数的 23.37%；有 46 个家庭农场通过第三方担保申请贷款，占有效样本总数的 15.70%；通过农地抵押贷款的家庭农场有 10 个，占有效样本总数的 3.44%；通过宅基地抵押贷款的家庭农场有 0 家，占有效样本总数的 0.00%；通过房地产抵押贷款的有 14 个家庭农场，占有效样本总数的 4.70%；有 3 个家庭农场通过农业设施抵押来申请贷款，占有效样本总数的 1.01%；有 1 个家庭农场通过抵押大型农业机械来申请贷款，占有效样本总数的 0.34%；有 1 个家庭农场通过质押来申请贷款，占有效样本总数的 0.34%。可以看出，家庭农场贷款需求相对较强，贷款需求主要集中在商业银行信贷形式。

表 3.4　家庭农场信贷需求特征

项目	选项	家庭农场数量/个	所占比例/%	累积比例/%
申请过何种形式的银行贷款	未申请过	68	23.37	23.37
	信用贷款	119	40.89	64.26
	第三方担保贷款	46	15.70	80.07
	农地抵押贷款	10	3.44	83.51
	宅基地抵押贷款	0	0.00	83.51
	房产抵押贷款	14	4.70	88.32
	农业设施抵押贷款	3	1.01	89.35
	大型农机抵押贷款	1	0.34	89.69
	质押贷款	1	0.30	90.03
	其他	29	10.31	100.00
信贷需求满足程度	得到了足额银行贷款	61	20.96	20.96
	满足了部分贷款需求	97	33.33	54.30
	没有得到银行贷款	133	45.70	100.00
银行信贷的用途（多选）	支付农地租金	56	19.24	19.24
	农业设施建设投资	138	47.42	66.67
	农机具购买	63	21.65	88.32
	农业生产资料购买	65	22.34	110.65
	其他	5	1.72	112.37

资料来源：调研数据。

二是资金需求程度还未得到有效满足。在接受调查的 291 个家庭农场中，只有 61 个家庭农场获得了全额银行贷款，占有效样本总数的 20.96%；有 97 个家庭农场满足了部分贷款需求，占有效样本总量的 33.33%；有 133 个家庭农场没有获得银行贷款，占有效样本总数的 45.70%。这说明，山东家庭农场的信贷需求还未得到根本性的满足，由于部分家庭农场对短期投资的建设资金需求较多，如果家庭农场资金不足，这无疑会削弱其生产的积极性。

三是资金需求主要来自生产与投资用途。在接受调查的 291 个家庭农场中，借贷需求主要源自生产性用途的四个方面，包括支付农地租金、农业设施建设投资、农机具购买和农业生产资料购买。其中，选择用贷款支付农地租金的家庭农场有 56 家，占有效样本总量的比值为 19.24%；有 138 个家庭农场选择计划用贷款支付农业设施建设投资，占有效样本总数的 47.42%；有 63 个家庭农场选择用贷款购买农业机械，占有效样本总数的 21.65%；选择用贷款支付农机具购买的家庭农场有 65 家，占有效样本总量的 22.34%。可以看出，建设期内的家庭农场对投资贷款资金的需求普遍较高，而投资贷款资金需求主要来自生产和投资目的。

表 3.5 显示了三个典型家庭农场农业保险购买情况。由表 3.5 可知，2009—2016 年，家庭农场 A 每年购买保险额度为 0.0700 万元；2017—2018 年，家庭农场 A 每年购买保险额度为 0.1000 万元；2009—2018 年，家庭农场 A 购买保险额度总计 0.7600 万元。2009—2011 年，家庭农场 B 每年购买保险额度为 0.0614 万元；2012—2018 年，家庭农场 B 每年购买保险额度为 0.0921 万元；2009—2018 年，家庭农场 B 购买保险额度总计 0.8289 万元。2009—2012 年，家庭农场 C 每年购买保险额度为 0.0450 万元；2013—2015 年，家庭农场 C 每年购买保险额度为 0.0360 万元；2016—2018 年，家庭农场 C 每年购买保险额度为 0.0450 万元；2009—2018 年，家庭农场 C 购买保险额度总计 0.4230 万元。

表 3.5　典型家庭农场农业保险购买情况　　　　　　单位：万元

年份	2009	2010	2011	2012	2013	2014	2015	2016	2017	2018	总计
家庭农场 A	0.0700	0.0700	0.0700	0.0700	0.0700	0.0700	0.0700	0.0700	0.1000	0.1000	0.7600
家庭农场 B	0.0614	0.0614	0.0614	0.0921	0.0921	0.0921	0.0921	0.0921	0.0921	0.0921	0.8289
家庭农场 C	0.0450	0.0450	0.0450	0.0450	0.0360	0.0360	0.0360	0.0450	0.0450	0.0450	0.4230

资料来源：调研数据。

综合来看，伴随家庭农场生产经营规模扩大，相应的保险购买额度也会逐步增加。但是，三个典型家庭农场对农业保险的购买额度均不高，这也说明当前进一步强化山东家庭农场的风险管理意识是十分之必要的。

3. 山东家庭农场的融资行为特征

从表3.6可以看出，家庭农场的融资行为主要有以下特点。

表3.6　家庭农场的融资行为

项目	选项	家庭农场数量/个	所占比例/%
融资渠道选择 （多选）	自有资金	277	95.19
	亲友借款	171	58.76
	银行（信用社）贷款	142	48.80
	民间金融组织	13	4.47
	网络平台借款	4	1.37
	政府支农资金	64	21.99
	资金互助社资金	8	2.75
	其他	1	0.34
向银行贷款采取的 信用保证形式（多选）	房屋抵押担保贷款	90	30.93
	农地抵押担保贷款	209	71.82
	牲畜抵押担保贷款	13	4.47
	农机抵押担保贷款	64	21.99
	保险抵押担保贷款	15	5.15
	其他	14	4.81
现行利率是否会 选择银行贷款	是	218	74.91
	否	72	25.09
选择银行借贷的原因	利率低	165	56.70
	不用欠人情	131	45.02
	有抵押担保	35	12.03
	有熟人	4	1.37
	民间借贷无法满足	30	10.31

第一，家庭农场的融资渠道选择情况分析。本书对291个家庭农场进行了调查，用自有资金选择进行生产的有277个家庭农场，占有效样本总量的比值为95.19%；有171个家庭农场选择以亲友借贷的方式进行农业生产，占有效样本总量的比值为58.76%；通过银行（信用社）贷款方式进行农业生产的家庭农场有142家，占有效样本总量的比值为48.80%；有13个家庭农场通过私人金融机构进行农业生产，占有效样本总数的4.47%；有4个家庭农场通过在线平台借贷进行农业生产，占有效样本总数的1.37%；通过政府支农资金

方式进行农业生产的家庭农场有64家，占有效样本总量的比值为21.99%；通过政府支农资金方式进行农业生产的家庭农场有64家，占有效样本总量比值为21.99%；有8个家庭农场使用农业支持进行农业生产，占有效样本总数的2.75%。可以看出，山东家庭农场的融资渠道主要是自有资金，其次是私人融资、商业银行（信贷机构）贷款，而选择通过民间金融组织和网络平台借款基本处于缺失的状态。

第二，家庭农场向银行贷款所采取的信用保证形式分析。在接受调查的291个家庭农场中，只有90个家庭农场使用房屋进行信贷，占有效样本总数的30.93%；采取农地进行信用贷款的家庭农场只有209家，占有效样本总的71.82%；仅有13个家庭农场使用牲畜进行信贷，占有效样本总数的4.47%；仅有64个家庭农场使用农业机械进行信贷，占有效样本总数的21.99%；只有15个家庭农场使用信用贷款保险，占有效样本总数的5.15%。由此可见，各种形式的抵押担保贷款按农业抵押贷款、住房抵押贷款、农业机械抵押贷款和保险贷款的顺序从高到低排序，最末的抵押担保形式是牲畜抵押贷款。

第三，家庭农场在现行利率是否会选择银行贷款分析。在291家被调研的家庭农场中，在现行利率下依然会选择银行贷款的家庭农场有218家，占有效样本总量的比值为74.91%；在现行利率下依然不会选择银行贷款的家庭农场有72家，占有效样本总量的比值为25.09%。这就意味着，现行利率下依然存在较多的家庭农场选择通过商业银行信贷的方式来获取生产所需要的资金。

第四，家庭农场选择银行借贷的原因分析。如表3.6所示，在291家被调研的家庭农场中，有165个家庭农场是因为利率低而选择银行借贷，占有效样本总量的56.70%；有131个家庭农场是因为不用欠人情而选择银行借贷，占有效样本总量的比值为45.02%；有35个家庭农场是因为有抵押担保而选择银行借贷，占有效样本总量的比值为12.03%；有4个家庭农场是因为有熟人而选择银行借贷，占有效样本总量的比值为1.37%；有30个家庭农场是因为民间借贷无法满足而选择银行借贷，占有效样本总量的比值为10.31%。由此说明，通过向银行借款确实是家庭农场资金的主要来源，并且家庭农场选择向商业银行进行信贷主要原因是商业银行的利率优惠程度较大；同时，缺乏抵押物也是家庭农场难以向商业银行申请贷款的主要原因。此外，家庭农场通过民间借贷或者熟人借贷进行资金融通的比例并不高。

表3.7显示了三个典型家庭农场抵押担保贷款融资行为选择状况。目前，财政支持是山东农业融资担保的主线，以山东农业融资担保有限责任公司为主

体的担保体系已经遍布该省各个辖区内。2018 年，家庭农场 A 运用山东农业融资担保有限责任公司所推出的"鲁担惠农贷"获取了 30 万元的贷款额度。"鲁担惠农贷"主要采取的是"财政＋担保＋银行＋农业经营主体"的抵押担保融资模式，通过该模式能够有效解决家庭农场 A 信用条件不足等问题，由山东农业融资担保有限责任公司作为担保人向商业银行申请贷款，在一定程度上缓解了家庭农场 A 的融资困境，有效扩大了家庭农场 A 经营资金规模。

表 3.7　典型家庭农场抵押担保贷款融资模式

家庭农场 A		家庭农场 B		家庭农场 C	
担保形式	贷款/万元	担保形式	贷款/万元	担保形式	贷款/万元
财政资金支持的融资担保机构为载体的担保共同体模式	30	商业银行与家庭农场等农业主体成立联保小组提供融资担保模式	20	农民专业合作社为担保的融资担保风险补偿模式	10

资料来源：调研数据。

为了进一步增强商业银行对家庭农场信息的了解程度，山东部分地区采取了"金融机构＋家庭农场"的联保小组抵押担保贷款模式，家庭农场 B 通过这种模式向商业银行申请了 20 万元的贷款额度，家庭农场 B 通过联保小组贷款在某种程度上降低保证金和贷款利率，减少了生产经营成本。这是因为联保小组有担保公司和联保基金会的保障，从而有利于为家庭农场 B 提高合格的抵押担保品，也有利于为家庭农场 B 提供合格有效的信用凭证。家庭农场 C 为了扩大生产经营规模，获得新的产品销售渠道，于 2016 年加入了当地农民专业合作社。农民专业合作社根据成员之间的产业链而形成合作社内部的信用合作，借合作社群体的信用，为家庭农场 C 提供信用担保。家庭农场 C 借助"农民专业合作社＋家庭农场"的模式获得了 10 万元银行贷款，为自身发展提供了强有力的资金支持。

综合来看，三个典型家庭农场所选择的抵押担保融资模式呈现多元化的特征，三个典型家庭农场均通过抵押担保获得了经营所需的部分资金，这无疑是有利于农场持续投资的。值得注意的是，家庭农场 B 和家庭农场 C 通过抵押担保获得的贷款额度较小，可能不利于家庭农场实现规模化经营的投资需要。同时，各种模式内部的成员之间并没有形成良好的沟通合作模式，可能不利于抵押担保贷款模式的长远发展。

第三节 山东金融机构支持家庭农场发展的现状分析

一、山东商业银行支持家庭农场发展的现状分析

家庭农场的发展离不开商业银行的大力支持。目前，山东主办农村产权抵押贷款的银行主要有4家，分别是中国农业银行、山东农村商业银行、山东农村信用社、齐鲁银行。2019年10月至12月，对被选择区域的涉农商业银行各个方面展开了问卷调查，主要选择了上述各类银行的市分行或总行，样本主要涉及济南市、青岛市、济宁市、烟台市、枣庄市、德州市、滨州市、淄博市、莱芜市等的主要涉农金融机构，共16家样本金融机构，对金融机构开展各类抵押贷款的意愿进行了调查，调查结果见表3.8。本书根据表3.8的统计情况进行如下分析。

第一，商业银行开展农村土地承包经营权抵押贷款的意愿分析。在16家样本金融机构中，有8家商业银行选择"非常愿意"，占样本总数的比重为50%；有3家商业银行选择"愿意"，占样本总数的比重为18.75%；有2家商业银行选择"中等"，占样本总数的比重为12.50%；有2家商业银行选择"一般"，占样本总数的比重为12.50%；有1家商业银行选择"不愿意"，占样本总数的比重为6.25%。由此可见，当前商业银行开展农村土地承包经营权抵押贷款的意愿比较高，这有利于增加家庭农场等新型农业经营主体获取信贷资源规模。

第二，商业银行开展农村住房（宅基地）抵押贷款的意愿分析。在16家样本金融机构中，有4家商业银行选择"非常愿意"，占样本总数的比重为25.00%；有5家商业银行选择"愿意"，占样本总数的比重为31.25%；有3家商业银行选择"中等"，占样本总数的比重为18.75%；有2家商业银行选择"一般"，占样本总数的比重为12.50%；有2家商业银行选择"不愿意"，占样本总数的比重为12.50%。由此可见，当前商业银行开展农村住房（宅基地）抵押贷款的意愿并不强烈，由于政策的不完善，导致商业银行通过该种方式进行授信的意愿并不强烈。

第三，商业银行开展固定资产（大棚、农机具、养殖场社等）抵押贷款的意愿分析。在16家样本金融机构中，有10家商业银行选择"非常愿意"，

占样本总数的比重为 62.50%；有 2 家商业银行选择"愿意"，占样本总数的比重为 12.50%；有 2 家商业银行选择"中等"，占样本总数的比重为 12.50%；有 2 家商业银行选择"一般"，占样本总数的比重为 12.50%；有 0 家商业银行选择"不愿意"，占样本总数的比重为 0.00%。通过分析不难看出，商业银行比较容易接受以固定资产进行抵押担保融资的贷款模式，这有利于增加家庭农场等新型农业经营主体获取信贷资源规模。

表 3.8　山东金融机构开展农村产权抵押贷款意愿

贷款类型	愿意程度	金融机构选择数/家	所占比例/%
农村土地承包经营权抵押贷款	非常愿意	8	50.00
	愿意	3	18.75
	中等	2	12.50
	一般	2	12.50
	不愿意	1	6.25
农村住房（宅基地）抵押贷款	非常愿意	4	25.00
	愿意	5	31.25
	中等	3	18.75
	一般	2	12.50
	不愿意	2	12.50
固定资产（大棚、农机具、养殖场社等）抵押贷款	非常愿意	10	62.50
	愿意	2	12.50
	中等	2	12.50
	一般	2	12.50
	不愿意	0	0.00
林权抵押贷款	非常愿意	4	25.00
	愿意	3	18.75
	中等	4	25.00
	一般	3	18.75
	不愿意	2	12.50
农村集体资产抵押贷款	非常愿意	5	31.25
	愿意	4	25.00
	中等	3	18.75
	一般	2	12.50
	不愿意	2	12.50

资料来源：调研数据。

第四，商业银行开展林权抵押贷款的意愿分析。在16家样本金融机构中，有4家商业银行选择"非常愿意"，占样本总数的比重为25.00%；有3家商业银行选择"愿意"，占样本总数的比重为18.75%；有4家商业银行选择"中等"，占样本总数的比重为25.00%；有3家商业银行选择"一般"，占样本总数的比重为18.75%；有2家商业银行选择"不愿意"，占样本总数的比重为12.50%。与农村住房（宅基地）抵押贷款相类似，由于政策的不完善，导致商业银行通过该种方式进行授信的意愿并不强烈。

第五，商业银行开展农村集体资产抵押贷款的意愿分析。在16家样本金融机构中，有5家商业银行选择"非常愿意"，占样本总数的比重为31.25%；有4家商业银行选择"愿意"，占样本总数的比重为25.00%；有3家商业银行选择"中等"，占样本总数的比重为18.75%；有2家商业银行选择"一般"，占样本总数的比重为12.50%；有2家商业银行选择"不愿意"，占样本总数的比重为12.50%。不难发现，商业银行开展农村集体资产抵押贷款的意愿相对一般，但总体上还是愿意通过农村集体资产抵押的方式为家庭农场等新型农业经营主体提供金融资源。

表3.9显示了16家样本商业银行对贷款人资源禀赋要求的统计结果。其中，有3家商业银行最为看重申请人的信用记录，占样本总数的比重为18.75%；其次，有3家商业银行最为看重申请人的还款能力，占样本总数的比重为18.75%；有4家商业银行最为看重申请人的生产经营状况，占样本总数的比重为25.00%；有2家商业银行最为看重申请人的产权资产变现能力，占样本总数的比重为12.50%。此外，看重产权资产价值评估可靠性、产权资产处置难易度、有无担保人和贷款项目预期回报率的商业银行均为1家，占样本总数的比重为6.25%。

表3.9　样本商业银行对贷款人资源禀赋要求

项目	选项	数量/家	所占比例/%
对农村贷款申请人主要看重	信用记录	3	18.75
	还款能力	3	18.75
	生产经营状况	4	25.00
	产权资产变现能力	2	12.50
	产权资产价值评估可靠性	1	6.25
	产权资产处置难易度	1	6.25
	有无担保人	1	6.25
	贷款项目预期回报率	1	6.25

资料来源：调研数据。

　　图3.5绘制了样本商业银行对贷款对象的选择情况。从中可以看出，选择农业企业的商业银行占比最大，为31.25%；其次是选择家庭农场和专业合作社的商业银行数量占比，均为18.25%；而选择专业大户、农业社会化服务组织和村集体经济组织的商业银行数量相对较少，占比分别为12.50%、12.50%和6.25%。由此可见，当前山东涉农商业银行贷款对象主要集中于农业企业、家庭农场和专业合作社等具有规模经营特征的新型农业经营主体。

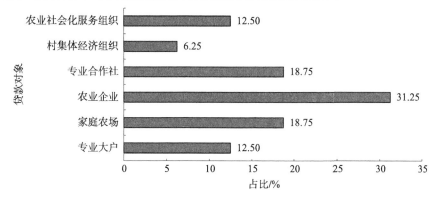

图3.5　样本商业银行对贷款对象的选择情况

　　图3.6反映了样本商业银行贷款形式选择特征。在贷款形式上，在16家样本商业银行中，有31.25%的商业银行选择担保贷款形式给农业经营主体发放信贷；有25%的商业银行选择抵押贷款形式给农业经营主体发放信贷；有18.75%的商业银行选择信用贷款形式给农业经营主体发放信贷；有12.50%的商业银行选择质押贷款形式给农业经营主体发放信贷，同时，有12.50%的商业银行选择通过其他形式给农业经营主体发放信贷。由此可见，当前山东涉

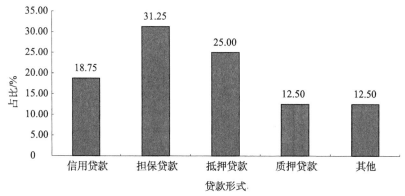

图3.9　样本商业银行贷款形式选择特征

农商业银行贷款的形式主要集中于担保贷款、抵押担保和信用贷款，而质押贷款和其他形式的贷款方式较少。

二、山东农业保险支持家庭农场发展的现状分析

山东位于暖温带半湿润季风型气候区，夏、冬季温差大，是一个自然灾害种类繁多，发生频繁的省份。《中国农村统计年鉴（2019年）》所统计的数据资料显示，2018年，山东受灾面积共计98.4万公顷，其中，旱灾2.3万公顷，洪灾3.8万公顷，风雹灾10.3万公顷，冷冻灾0.7万公顷，台风灾81.3万公顷；成灾面积共计31.1万公顷，其中，旱灾1.1万公顷，洪灾2.6万公顷，风雹灾5.6万公顷，冷冻灾0.5万公顷，台风灾47.6万公顷。2018年，台风"安比""摩羯""温比亚"在一个月内相继登陆华东并深入内陆影响华北、东北等地，历史罕见。其中，"温比亚"是2018年致灾最为严重的台风之一，给山东等省份造成了严重的暴雨和洪涝灾害，对山东农业生产和人民生活造成了巨大影响。目前，农业自然灾害的发生并没有一定的规律，具有随机性和突发性，且覆盖范围较广，波及范围逐年扩大，给山东农业生产造成了较为严重的负面影响。所以，引入农业的风险分担机制、扩大农业保险覆盖范围、增加农业保险有效供给，特别是引入农业大灾（巨灾）保险品种就显得十分必要。

山东基于历年的"一号文件"出台了多项针对农业保险的发展措施，新的保险形式也越来越丰富，表3.10和表3.11分别显示了我国历年中央"一号文件"以及山东政府、保监局等相关机构关于建立和发展农业保险的政策举措。

表 3.10　我国中央"一号文件"关于农业保险的政策举措

年份	政策举措
2012	扩大农业保险险种和覆盖面，开展设施农业保费补贴试点，扩大森林保险保费补贴试点范围，扶持发展渔业互助保险，鼓励地方开展优势农产品生产保险；健全农业再保险体系，逐步建立中央财政支持下的农业大灾风险转移分散机制
2013	健全政策性农业保险制度，完善农业保险保费补贴政策；加大对中西部地区、生产大县农业保险保费补贴力度，适当提高部分险种的保费补贴比例；开展农作物制种、渔业、农机、农房保险和重点国有林区森林保险保费补贴试点；推进建立财政支持的农业保险大灾风险分散机制
2014	支持农业互助合作保险，希望形成多层次的巨灾风险防范机制，探索因地制宜的险种，从保成本向保价格和收入发展
2015	发挥财政补贴的作用，补贴对象扩展到农业生产设备、作物、养殖产业
2016	强调农业保险险种和方式创新，要求探索"保险+期货"模式

续表

年份	政策举措
2017	完善农业保险制度，把农业保险作为农业重要支持手段，快发展"保险＋期货"模式
2018	聚焦玉米、小麦、稻谷3类作物收入保险、完全成本保险，开展"保险＋期货""订单农业＋保险＋期货（权）"试点
2019	完善农业保险政策，推进稻谷、小麦、玉米完全成本保险和收入保险试点，扩大农业大灾保险试点和"保险＋期货"试点，探索对地方优势特色农产品保险实施以奖代补试点
2020	抓好农业保险保费补贴政策落实，督促保险机构及时足额理赔；优化"保险＋期货"试点模式，继续推进农产品期货期权品种上市

资料来源：历年中央"一号文件"。

通过表3.11不难看出，目前，中央政府正在逐步完善我国农业保险制度体系，为山东农业保险发展制定了相当完备的政策制度体系和风险分担机制，也为山东制定和出台农业保险的相关政策措施提供了科学的政策依据。

表3.11　山东关于农业保险的政策举措

年份	政策举措
2006	在寿光、章丘、临清开办蔬菜大棚、奶牛、玉米、小麦、的农业保险试点
2007	在2006年基础上，农业保险试点增加潍坊、烟台、青岛等25地，险种包括小麦、玉米、生猪等
2008	山东成为中央财政补贴试点省份，山东对东中西部的普通特困农户实行差异补贴，部分险种补贴额度高达80%，试点市县增加至35个，增加3个畜牧养殖险种
2012	试点市县增加至60个，增加险种3个
2013	增加苹果、日光温室、商品林、花生、奶牛、育肥猪、能繁母猪等保险品种
2014	开展樱桃降水指数保险、寿光蔬菜目标价格保险、商业性鸡蛋目标价格保险等试点工作
2015	对小麦、玉米和棉花保险费率进行调整，小麦保费由每亩10元提高到15元，保险金额由每亩320元提高到375元
2016	进一步扩大农业政策性保险试点；保险公司开展种植业、养殖业的保费收入，按90%计入企业所得税应纳税所得额；县域农村金融机构保险业收入减按3%征收营业税
2017	在商河县、临淄区等20个产粮大县开展小麦、玉米和水稻农业大灾保险试点；平度市试点全国鸡蛋期货价格保险

续表

年份	政策举措
2018	《山东特色农产品目标价格保险工作实施方案》为指数型产品创新提供了新的政策依据；山东财政拨付 1 亿用于农业保险补贴；山东烟台市开展苹果收入保险，试点 1000 吨；济宁市嘉祥开展大豆繁育收入保险试点；日照市试点 10000 亩，开办茶叶气象指数保险；山东人民政府关于印发《山东现代金融产业发展规划（2018—2022 年）》，研究建立农业保险大灾（巨灾）风险分散机制
2019	《山东 2019 年棉花目标价格保险方案》在山东棉花种植产区选择地方政府积极性高、试点意愿强的县（市、区）开展棉花目标价格保险，充分发挥财政资金政策效益，充分利用期货市场分散风险，切实保障农民植棉收益

资料来源：山东政府和保监局相关政策文件。

通过表 3.11 不难看出，目前，山东政府已经建立了较为完善的农业保险制度体系，为山东家庭农场发展营造了良好的保险供给市场，为山东家庭农场发展建立了良好的风险分担机制，这有利于为山东家庭农场发展提供良好的风险化解途径。目前山东农业保险产品供给渠道单一，农业保险产品和服务内容单调，在一定程度上将不利于促进山东家庭农场发展。

三、担保公司支持家庭农场发展的现状分析

近年来，随着山东土地流转政策加快推进，家庭农场经营规模也不断扩大。但是由于土地为流转而来，固定资产又相对较少，在土地经营权无法抵押贷款时，大部分银行金融机构在提供贷款都要求家庭农场提供担保人和抵押物，这无疑制约着山东家庭农场的进一步发展。为此，山东针对土地经营权抵押担保贷款业务出台了多项措施，抵押担保贷款是支持家庭农场发展的重要金融工具之一，深入了解当前山东抵押担保融资状况，通过山东农业发展信贷担保有限责任公司的实际状况，分析山东一些具有鲜明特色的农村产权抵押担保贷款发展现状。

1. 山东"鲁担惠农贷"基本情况

"鲁担惠农贷"是山东委、省政府推行的一项惠农政策，由山东农业融资担保有限责任公司担保，以服务"三农"为目的，创建的政、银、担合作新机制，是各级政府同金融机构联合开发的一款政策性农业信贷担保模式。开办"鲁担惠农贷"能有效破解农业经营主体融资难、融资贵的问题，对提升农村

金融服务水平、加快培育农业农村发展新动能具有重要意义。

目前，山东"鲁担惠农贷"抵押担保贷款的成本主要是：综合成本由贷款利息和担保费组成，其中贷款利率执行国家贷款利率政策，上浮一般不超过30%，现在一年期的贷款基准利率为4.35%，上浮30%为5.655%；担保费实行差异化确定，对粮食适度规模经营主体担保费率不超过1%，对其他符合条件的经营主体不超过1.5%（符合条件的扶贫项目不超过1%），农业产业化龙头企业不超过2%。目前，市财政给予担保费全额补贴，经营主体无须缴纳；省财政给予基准利率50%贴息。贴费贴息后，贷款综合成本不超过3.48%。对没有硬抵押物的农业适度规模经营主体来说，融资成本非常低。

2. 山东滨州市博兴县"鲁担惠农贷"现状分析

2018年7月，为贯彻落实中央和山东有关强农惠农政策，帮助家庭农场有效化解生产经营中的"借钱难、借钱贵、借钱烦"问题，山东滨州市博兴县人民政府与山东农业发展信贷担保有限责任公司签订战略合作协议，在博兴县开展"鲁担惠农贷"政策性农业信贷担保业务。家庭农场在经营过程中可申请"鲁担惠农贷"业务，项目评审达标后，由山东农业担保公司与当地签约的金融机构发放贷款。按照国家政策规定，博兴县"鲁担惠农贷"一般贷款额度为10万~300万元，贷款综合成本由贷款利率和担保费率组成，借款人实际承担利率为国家规定同档次基准利率，上浮不超过30%，贷款期限原则上不超过3年，特殊种植业可适当延长。

2018年7月以来，山东农村商业银行滨州市博兴县支行积极配合政府各项工作，建立了"土地承包经营权"和"农民住房财产权"抵押贷款相关制度，利用"两权"抵押贷款有效缓解农业经营主体融资难和融资贵等问题。随着各项措施的不断落实，基础性成效逐渐显现，土地承包经营权确权颁证已基本完成，发证率超96.00%，累计办理农民住房财产权1.20万件。截至2018年10月末，博兴县金融机构共发放承包土地的经营权抵押贷款216笔，累计金额7600.12万元；博兴县共发放农房财产权抵押贷款628笔，累计金额1.65亿元。不仅如此，除了传统的三权抵押以外，山东农村商业银行滨州市博兴县支行和地方金融办还推动了当地农村产权抵押范围，进一步扩大到林权、农村集体建设用地使用权和塘库堰承包经营权等抵押担保贷款，最大限度地激活了该县农村领域的"沉睡资产"。

具体而言，博兴县政府出面与山东农业发展信贷担保有限责任公司一起引入了担保机制，发展了农村产权担保抵押贷款模式。山东农业发展信贷担保有限责任公司于 2017 年 12 月 18 日正式成立，到位注册资本金 36 亿元，由省财政厅代省政府履行出资人职责。目前，山东农业发展信贷担保有限责任公司开展农业抵押担保融资达到 11.28 亿元，担保物主要包括土地、房屋、厂房与机械、林权占 67.10%。此外，农村集体土地、塘库堰等也能够提供反担保，向银行申请抵押担保贷款。目前，山东农业发展信贷担保有限责任公司分别与农业发展银行、农业银行、山东农村商业银行、山东农村信用社、齐鲁银行等签订了合作协议，与山东农村商业银行的再保余额 12.6 亿元，放大倍数 4 倍，目前的账面风险资产 20 万元，潜在风险 800 万元，2018 年 7 月至今只有一笔 50 万元的违约案例。不仅如此，山东农业发展信贷担保有限责任公司对博兴县家庭农场养猪场提供了业务创新，具体的要件为：流转土地合同＋地上建筑发票＋养殖许可证＋环评证书；如果是生物资产，虽然无权证，只要有发票，或有收据，只要依法成立、依法经营、符合条件，通过山东农业发展信贷担保有限责任公司认定，就可以提供担保抵押融资。此外，在抵押担保融资过程中山东涉农商业银行和山东农业发展信贷担保有限责任公司风险分担比例是：山东涉农商业银行承担 20.00%，山东农业发展信贷担保有限责任公司承担 80.00%。

博兴县联合山东农业发展信贷担保有限责任公司开展的"鲁担惠农贷"业务有效盘活了当地农村资产，使得国家抵押担保政策得到有效落实。目前，对于博兴县开展的"鲁担惠农贷"业务，本书在调研过程中发现政策层面的约束致使家庭农场难以通过担保审核，首先表现在担保机构实行的是不动产抵押制度，而非动产抵押制度，这也极大限制了抵押贷款资金规模。其次，农村资产处置难，目前没有专门的"三农"不良资产处置机构。最后，政府补助比例偏低，难以维持农村抵押贷款健康有效运行。因此，博兴县政府应当完善农业资产抵押融资担保体系，建立由各级财政出资，具有法人资格的独立的政策性担保机构，实行市场化、公开化操作，建立专门的"三农"不良资产处置机构，也可以发展农村互助担保体系，通过农业企业担保协会来提高农村担保机构的组织化和互助化程度。

3. 山东潍坊市临朐县"鲁担惠农贷"现状分析

2018 年 8 月，临朐县为积极稳妥地推进农业信贷担保工作，努力打通金融资源流向农业的"最后一公里"，通过县镇村三级联动，为符合条件的适度规模经营主体建档立卡，建立"鲁担惠农贷"经营主体信息库，充分发挥该项政策性农业信贷担保产品的普惠作用。临朐县"鲁担惠农贷"的贷款对象与贷款额度为 10 万～1000 万元。临朐县政府出面与山东农业发展信贷担保有限责任公司一起引入了担保机制，积极推出了山东家庭农场"农村农房建设贷款"业务。该业务模式宗旨是"两锁定"：一是锁定建房家庭农场，合理设定贷款条件。在贷款额度、期限及利率的设定上充分考虑有借款需求建房家庭农场的现实经济状况、还款能力等因素。设定房屋建设（购买）最高额度不超过 50 万元，最长期限不超过 5 年；家庭农场房屋装修额度不超过 20 万元，贷款期限最长不超过 5 年；利率为基准利率上浮 30%；还款采取等额本息、等额本金和按季或按月结息、分期还本等方式。二是锁定风险补偿，科学进行风险分担。在家庭农场农房建设贷款中，由临朐县政府和山东农业发展信贷担保有限责任公司承担全程连带责任保证担保，对贷款到期借款人未履行还款义务的，在借款人违约 30 天内，由担保公司代偿。代偿资金由临朐县政府承担 40%，由山东农业发展信贷担保有限责任公司承担 60%。不仅如此，家庭农场建设房屋产权由乡、镇（街道）统一办理，临朐县政府还成立了专门的资产管理机构，目的是对贷款可能产生的不良资产进行回购，消除了涉农商业银行的后顾之忧。由此表明，临朐县主要通过引入担保机制来降低涉农金融机构"三农"贷款风险，调动了涉农商业银行开展家庭农场房屋建设贷款的积极性。

第四节　国外经验借鉴与启示

一、美国家庭农场经验借鉴与启示

美国作为世界经济高度发达的国家之一，在诸多方面都领先全球发展，农业也是如此。美国家庭农场支持了近 3 亿美国人，仅占该国农业劳动力的 1.8%，并已成为世界上最大的农产品出口国。美国农业的生产和管理形式包括家庭农场、合伙企业农场和公司农场。合伙企业农场和公司农场主要以家庭为基础，因此，美国的农场基本上是以家庭为基础的。资料显示，2016 年美国农场总量为 206 万个，比 2015 年又减少了 8000 个。与此同时，单个农场的规模在逐步扩大，经营土地面积从 1950 年的平均 212 英亩❶增长到 2016 年的

---

❶　1 英亩≈4046 平方米。

442 英亩。美国将农场分为四大类：小型家庭农场，农场年收入低于 35 万美元，占农场总数量的 89.7%；中型家庭农场，农场年收入在 35 万美元和 100 万美元之间，占比 6.1%；大型家庭农场，农场年收入超过 100 万美元，占比 2.9%；非家庭农场，采用非家庭经营方式的农场，占比 1.3%。从农产品产出看，大型家庭农场所占比重越来越大。虽然小型家庭农场占数量的 90%、经营土地面积占 48%，但仅产出了农产品总量的 24.2%。大型家庭农场数量虽然不足 3%，经营土地面积比重却达 23%，农产品产出比重则高达 42.4%。大型农场的产出份额相比于其 1991 年的 32%，25 年间增长了超过 10 个百分点。大型家庭农场农产品产出比重的大幅提升，说明其土地产出率、劳动生产率相较于中小型家庭农场而言有更快的提升速度。美国在农业生产中广泛使用现代技术，美国家庭农场技术相对先进，许多农场已经将生物技术用于农业生产，一些农场甚至可以使用卫星信息系统来监测作物生产。现代技术的使用节省了美国的人力投资，目前，只需 3 人即可经营 1295 公顷的大型农场。与此同时，美国家庭农场实现了大规模生产。美国较高的农业科技水平可以使家庭农场经营规模更大的土地。1935 年，美国和农场的平均面积为 62.7 公顷。随着科学技术水平的不断提高，2010 年，美国和农场的平均规模已达到 169.10 公顷，每个农业劳动力的平均耕地面积是我国的 250 倍。美国农场是一个专业的生产和经营的公司。例如，美国 10 个主要农业生产区根据其地理特征和自然条件进行划分，每个区域有 1~2 种较为专业化的农业生产品种。其中，小麦产量主要集中在美国北部的平原地区；玉米产量主要集中在美国中间的平原地区；美国南部山区，西部山区和五大湖地区主要是畜牧业和乳制品生产；美国太平洋沿海地区分布水果和蔬菜。另外，美国农业生产的社会服务体系相对完善，这也在某种程度上促进了农场的专业化生产经营。

二、法国家庭农场经验借鉴与启示

法国是世界第二大农产品出口国和欧盟农业主要生产国，虽然法国家庭农场经营面积不足 100 亩，但其农业产量却占欧盟的 20%。法国政府非常重视农业发展，在家庭农场方面，法国通过加快土地集中，调整农业结构政策、农业信贷政策、农产品价格补贴政策、农业科技政策、农产品市场政策，合并了小农场，改变了农场和经营面积过小的局面。虽然农场的数量已经减少，农场专业化生产体系却不断成熟，有关资料显示，法国家庭农场从事谷物经营、花卉经营、蔬菜经营、养殖经营、水果经营分别为 60%、11%、8%、5%、

5%，法国规定家庭农场经营面积维持在 20 亩至 40 亩，经营 50 亩土地以下的家庭农场超过了 50%。法国为了保护农场的规模和竞争力，法国政府鼓励年轻劳动者申请土地管理，如果农民退休，他必须找到一个年轻的农民接管他的土地，否则他将通过租赁、兼并和收购转让土地给周边农户。这进一步促进了法国的农业现代化发展进程。

法国的家庭农场具有十分悠久的历史，早在 19 世纪末期，法国的家庭农场在各个地区就逐渐发展起来。从 20 世纪 60 年代到 70 年代，法国政府发布了《农业指导法》《合作社调整法》以及《农业合作社条例》，为法国家庭农场的大规模发展提供了政策保障。此外，法国农业合作社的广泛发展和法国家庭农场紧密相关，为了实现从传统农业向现代农业的转变，降低小规模农场的经营风险，实现农业机械化、商品化和现代化，许多家庭农场加入了农业合作社。农业合作社是在家庭农场的基础上建立的，主要为家庭农场提供了生产资料采购、生产技术指导、质量标准制定、农业信息咨询等一系列农业服务。在保留私有制和独立经营权的前提下，农业合作社和家庭农场形成了一个独立合作的双层管理结构。截至 2015 年，法国拥有 3500 多家生产合作社和 16000 多家设备合作社，目前已有 75% 的家庭农场加入了农业合作社。

三、荷兰家庭农场经验借鉴与启示

荷兰作为一个人多地少的国家，同样以农业生产闻名于世。荷兰在仅有 200 万公顷的农业用地上，创造了数百亿欧元的产值。荷兰人依靠高度集约化的生产模式、先进的生产加工技术弥补了土地资源相对不优越的自然条件，走出了一条种植业、园艺业和畜牧业并重的发展道路。在农产品出口方面，荷兰稳居世界前列，是当前仅次于美国和法国的农业出口大国，具有很强的国际竞争力。从现代农业经营主体的结构来看，家庭农场是荷兰现代农业经营体系的重要组成部分。

荷兰现代农业经营主体一直被视为社会稳定的保障，荷兰现代农业经营主体是提供就业机会的来源，这相当程度上源于农业经营主体自身的创收能力。荷兰现代农业经营主体的资金来源主要是通过股东资金入股。近年来，随着农业法人数量的逐步增长，荷兰现代农业经营主体在吸收国内股权类投资的同时，还大规模引进国际资本，如今荷兰农业作为本国的优势产业，已成为国际资本市场关注的焦点。荷兰现代农业经营主体所采取的主要是现代农业经营主体与股东合伙投资模式，即现代农业经营主体利用出让股权获得的资本和自有资本来进行产业的扩张和发展，而股东有来自本国的投资者，也有来自境外的投资者，既有财务性投资，也有战略性投资。而且，荷兰政府在对农业投资活动进行严格管理和监控的前提下，坚持政府引导的原则，农业投资的各个环节交由农业经营主体自己完成，仅仅以提供补贴和服务为主，充分尊重市场对农业投资的自主调节。除此之外，政府在宏观政策上，对农业各产业的发展方向存在一定的引导作用，通过制定相应的优惠政策，如花卉产业大幅的增值税削减等，大力扶持符合经济效益和产业发展方向的高优农业发展，促进私人资本涌入优势产业。荷兰在税收法律制度方面的建立也给农业投资带来了更多的利好，如通过减少现代农业经营主体雇员工资结构中由雇主承担的雇员社会保险部分额度，提高小型农业经营主体的扣税标准，降低公司税率等方式，将税收收入间接补偿给农业经营主体，以保障现代农业经营主体可持续发展目标的实现。不仅如此，荷兰还执行了长期可持续的农业补贴政策，在欧盟共同农业政策的基础上，立足于促进现代农业经营主体收入的稳定和增长，政府长期坚持各类农业补贴，并且随着欧盟共同农业政策的不断修改和完善，荷兰也结合本国的农业发展实际不断调整财政支持农业政策目标，由单一的价格支持到价格支持、收入补贴、农村项目等综合补贴，充分发挥了财政支持作用（肖卫东和杜志雄，2015）。此外，所有农业补贴均依据了一定的法案，具有稳定性、强制性和公平性，并且针对不同地区和产业又有不同的侧重，保证了补贴政策的可持续性。

以家庭农场作为主要现代农业经营主体的荷兰，绝大部分融资都以信用贷款的形式提供给家庭农场，因此荷兰合作银行在选择贷款对象时都会依据对方的业务开展情况、技术水平和创业能力慎重选择具有成长性的农业经营主体，以尽量降低可能出现的违约风险。为了便利现代农业经营主体获取信用贷款，荷兰政府在第二次世界大战（以下简称"二战"）后便专门设立了农业贷款担保基金机构，旨在为向银行申请贷款的农业经营主体提供担保类服务，获得担保资格的前提是农业经营主体须拥有可行的投资计划并保证能在8年之内还本付息。荷兰政府还于1963年设立了农业发展和改组基金，该基金最初主要用于为家庭农场制定发展计划、改善经营结构和购买现代化设施，后来还用于为农业经营主体贷款提供利息补贴。在资本市场融资方面，自1986年起，荷兰便对资本市场放宽了限制，中央银行取消关于不向外资企业借贷规定，从而使外国投资者可以更容易地进入荷兰资本市场。在本国的金融市场上，荷兰农业法人可根据各自情况选择不同融资方式：一是通过企业上市公开融资；二是通过特定融资渠道非公开融资，极大地拓宽了荷兰现代农业经营主体在资本市场上的融资渠道。

四、日本家庭农场经验借鉴与启示

日本是一个人多地少的国家，土地面积 37.8 万平方公里，人口 1.26 亿，人均耕地仅 0.027 公顷。二战后，日本在 1945 年和 1946 年进行了两次农业土地改革。政府采取强制措施购买土地，并将其出售给没有土地和土地很少的农民，并建立了"耕者有其田"的种植制度，将土地面积限制在 3 公顷以下。为了巩固改革成果，1952 年，日本通过法律手段确定了《农地法》，形成了以小规模家庭为特色的农业管理体系。随着日本经济的发展，非农经济的比重不断增加，农业人口大幅减少。于是，日本允许农民在使用家庭劳动力的条件下拥有超过 3 公顷的土地。同时，还建立了农业生产法律制度，规定具有一定条件的农业生产法人有获得农地的权力。但是，由于日本的老龄化和无子女化程度在不断加速，导致日本农村后继无人等问题不断出现，日本农场生产规模较小，而且多分散经营，农户与农业经营体成为日本农业生产的主力。2010 年，日本农户的户均耕地面积为 2.02 公顷，农业经营体的平均耕地面积为 2.19 公顷。为了克服传统的农业以小规模的分散经营模式，大多数农场加入了日本农协组织。日本农协是一个由农民自愿联合组成的为农民、农业、农村提供服务的综合性服务体系，同时也是一个遍布城乡、自成系统的庞大的经济合作组织。日本农业协会起源于 1900 年的"农业会"，二战后，名称改为"农业协同组织"（以下简称"农业协会"）。农业协会最初功能是代表政府管理大米，后来主要为农民提供农业社会化服务，主要包括生产指导，农产品销售，生产生活资料集中采购、信用合作、农业保险、农民权益保护等各方面服务。经过不断的发展，日本农业协会建立了较为完善的服务体系，基本涵盖了农民生产所需的一切服务。同时，日本农业协会还从事信贷、保险、医疗、福利、农村建设和资产管理等方面的生产活动。日本农业协会在农业科学技术培训和现代化农业生产技术普及方面也起到了不可替代的作用，日本农业协会有力地促进了日本农业现代化的发展。据统计，超过 99% 的日本农民已加入农业协会。与其他国家的大型机械农场不同，日本的农业机械化适用于小面积的耕地，其主要用于中小型农业机械设备。由于日本耕地较少，在大力开展土地工作的同时，日本充分利用农业技术，通过农业技术有效利用土地。首先，政府对农业会进行系统性规划、改造和开垦，提高土地面积和土地利用率。其次，政府利用大量肥料改善土地肥力。此外，政府还充分利用现代技术提高农业生产的机械化水平，充分利用生物技术提高水稻生产、旱田生产、农畜生产以及果蔬生产的劳动生产率。早在1967年，日本水稻种植机械化面积就达到了80%，机械脱粒面积达到98%。日本农场小型机械化的发展，使土地得到了前所未有的高效利用。

第五节　家庭农场发展的融资约束与经营困境分析

通过前面基于山东数据进行的分析，了解了家庭农场的生产经营状况，以及商业银行、农业保险和担保公司支持家庭农场发展的现状。由于山东家庭农场的情况，在全国范围内具有一定的可借鉴性和参考性，因此，可以进一步总结出家庭农场发展面临的融资约束共性问题。

一、资金规模较小导致生产要素匮乏

家庭农场面临着如何转型升级，实现适度规模经营发展的现实问题。然而当前我国大部分家庭农场主要以户为单位进行生产，资金规模十分有限。首先，随着农村家庭农场的兴起，能够有效流转的土地会减少，使得租金成本增加，进而导致家庭农场的预期收益下降，加上家庭农场有效抵押物不足而无法获得银行贷款，最终导致大规模农业经营过程的生产要素非常稀缺。其次，大部分家庭农场的技术应用水平不高。农业生产设备和生产方法仍处于传统阶段。如普通拖拉机或农用车辆、耕地机、喷雾器、抽水泵等，而现代的机械化、电气化、自动化、集约化的种植技术和方式手段并没有得到广泛普及，部分家庭农场出于对成本的控制和利润的考虑，在生产过程中较少运用现代农业技术，仅凭借以往经验施用农药化肥，由于缺少先进技术的投入，农产品安全得不到保障。最后，经营者文化水平不高，投融资能力和企业管理水平有限。家庭农场劳动力受教育程度普遍较低，家庭农场经营管理效率有待进一步提升。

二、金融政策缺位造成资金融通困难

金融支持政策是家庭农业投资的核心要素，是经济再生产和自然再生产的有机统一体，这也是促进家庭农场生产及其农业投资的必要条件。要知道，家庭农场在无法获得充足资金的情况下，即使有土地、劳动力和技术等先进生产要素，也无法实现自身的投资扩大再生产。2016 年 1 月，财政部和国家税务总局发布《中国农业发展银行涉农贷款营业税优惠政策的通知》（财税〔2016〕3 号），该通知指出有必要继续发挥农村金融机构定位补贴的指导作用和县级金融机构的增量激励机制，鼓励金融机构增加对中等规模经营的支持，支持新农业经营者的生产订单抵押，政策抵押和销售贷款的发展。然而，目前在家庭农场培育中推行的农村产权抵押贷款政策，由于家庭农场拥有的抵押物和贷款项目的特殊性，存在着诸多的潜在风险及不稳定性因素。

在具体实践过程中，家庭农场的抵押贷款需求强劲。这源于强大的资本需求。由于银行对抵押品的严格要求，大多数家庭农场都有有效的抵押品。虽然目前家庭农场有权通过土地转让来经营。但是依然没有获得相应的产权证明，在土地上大量投资建设的农业设施和管理用房同样无法获得政府的确权、登记、颁证，要让家庭农场直接寻找银行抵押贷款是非常困难的。政策层面的约束致使家庭农场难以通过担保审核，主要表现在担保机构实行的是不动产抵押制度，而非动产抵押制度，这在很大程度上降低了担保公司开展农村产权抵押融资担保业务的积极性，导致家庭农场面临融资担保难的境地，这正是我国金融政策缺位的具体表现。此外，农业与其他行业不同，面临着巨大的自然风险。目前，我国农业保险政策不完善，农业生产保险、农产品市场保险和农业信用保险的发展严重滞后。农业保险品种单一，政策性保险覆盖率低，无法满足农业现代化的现实需求，这导致自然风险对于家庭农场的发展影响更大。

三、缺乏有效抵押品使得投融资不畅

目前，农村存在大量的闲置办公用房等集体资产，以及家庭农场拥有的牛、羊和特种饲养、果园等生物资产尚没有赋予抵押功能，缺乏资本化融资变现的渠道，无法有效盘活的问题。尽管全国人大常委会于 2015 年 11 月 27 日暂时调整了相关法律法规，允许农村土地承包经营权和农村宅基地使用权抵押试点。但是，这些政策规定大多数浮于表面，实施细则不够明确，这导致金融机构敢于开展农村房产抵押贷款业务，并开展农村房产抵押融资政策。农村土地和住房抵押的现实不符合物权法、担保法、土地管理法和农村土地承包法的法律规定。同时，农村产权抵押融资的关键是进行价值发现，价值评估，价值交易和价值处置。同时，农村产权抵押融资政策实施缺乏农村产权资产价值发

现、价值交易变现、价值处置等配套设施和政策，价值评估、价值交易和价值处置的机构和配套设施还很不完善。因此，在土地经营权证书及其合法权益尚不明确的情况下，会导致家庭农场的土地经营权不稳定，家庭农场从农户手中获取的土地要素就会受到农户的利益最大化行为影响而不稳定，从而影响家庭农场的农业投资行为，在土地短期租赁契约约束下，家庭农场只会选择农业短期投资，而不会选择大规模的长期农业生产建设投资。

家庭农场一般是承包大面积的土地来进行经营，由于没有可用于担保的设备、厂房、房产，而土地在目前政策法规制度下只拥有承包经营权而无所有权，不能作为贷款抵押物，农场主所拥有的资产不满足金融机构抵押或质押物要求。农村产权抵押融资政策不健全，使得家庭农场无法盘活现代农业经营资产而及时有效地获取足够的融资，无法保证自身的可持续发展。这意味着，家庭农场需要根据家庭承包责任制获得土地要素，这就有必要从拥有合同管理权的农民或拥有所有权的集体经济组织购买土地。土地要素的重组不仅意味着推进"三权"的改革，而且需要明确土地所有权、承包权和经营权的权利和责任。而且，在"三权"分置改革过程中，保护农民的合同权益始终是根本性要求。家庭农场不可避免地会从农民那里转移土地。例如，2015年国务院提出的农村房地产抵押融资试点政策仅包括土地承包经营权和农村房地产抵押贷款政策。一些地方政府，早些时候已经出台了林权抵押融资政策，统称为"三权"抵押融资政策。

四、保险有效供给不足引致经营风险

家庭农场经营规模增大，资金密集程度提高，灾害或过度市场波动能给经营者带来致命打击，因而农业保险需求理应上升。但是，当前农业保险有效供给不足，农业保险对经营风险的"减震器"作用有待进一步提升，具体而言：

一是商业保险机构创新动力不足，难以及时推出适合家庭农场的保险产品，使得农业保险有效供给严重不足。一旦发生风灾、雹灾等，家庭农场损失较大。家庭农场主希望通过参加商业性农险降低风险，但是，保险机构对家庭农场实际的经营状况缺乏数据信息，在没有政府财政补贴的情况下，却无法为其提供合适的保险产品，使得家庭农场在日常生产经营过程中面临的风险较大。

二是政策性保险保额偏低，覆盖率不高，使得家庭农场发展存在较大的经营风险。政策性保险种类比例少、涉农保险比例低，大大制约了家庭农场购买农业保险的积极性，同时，商业保险大多以营利为目的，保险公司关注理赔金额与保费收入比率。由于农业生产的高风险、高成本，集中性强、破坏性剧烈、区域性突出，想让保险公司扩大参保范围十分困难，自然灾害一旦发生对其冲击较大，商业保险在对家庭农场保障方面大打折扣，无法将风险完全分散。涉农保险配套服务水平低下，满足不了家庭农场的实际需求。当家庭农场出现意外损失，真正需要保险公司赔偿时，却因为理赔手续繁杂，赔款到手时间长，且赔付远低于实际损失，这些问题均严重制约家庭农场的发展。

五、风险补贴不足致使经营效果欠佳

家庭农场融资的困难在很大程度上取决于融资过程中是否存在健全的风险分担机制。目前，我国中央财政补贴下的政策性农业保险实施"低保障水平、高保费补贴"的模式，针对农产品基本上只保其物化成本，这部分成本大概只占农作物最终市场价值的 20%～30%。2016 年 4 月，财政部和农业部发布《关于全面推进农业补贴改革的通知》（财农〔2016〕26 号），《关于全面推进农业补贴改革的通知》指出要对粮食种植者的直接补贴，改良作物品种补贴和农业物资综合补贴将纳入农业支持保护补贴。

金融机构在向家庭农场授予信贷的过程中依然存在风险分担机制不健全的问题。不少金融机构反映地方政府风险补偿的财政政策并没有直接作用于金融机构本身，主要体现在风险补偿金的申报程序复杂，审批时间较长，补助比例较低，财政对保险的补贴不足。这在一定程度上制约着家庭农场的发展，导致其经营积极性不高，效果不佳。由此可见，农业财政支农政策应更加注意政府引导和市场主体的多元投入，推动支农资金由财政直接补贴向财政与金融信贷相结合转变，从而为家庭农场发展吸引更多的金融资本和社会资本。

第六节　本章小结

本章介绍了家庭农场实地调查方案，主要包括调查目的、调查对象、调查方法和调查内容。通过实地走访并以发放调查问卷的方式获得真实有效的家庭农场微观数据。获取了山东家庭农场金融需求、融资渠道以及金融机构对家庭农场发展的支持现状。

　　本章运用数据包络分析法测度了被调研的 291 个家庭农场的投资效率，研究发现，效率还有进一步的提升空间，投资决策与经营管理水平不高是制约其绩效提升的主要原因。本章通过统计分析发现山东家庭农场的融资渠道主要是自有资金，其次是私人融资、商业银行（信贷机构）贷款，而选择通过民间金融组织和网络平台借款基本处于缺失的阶段。这意味着，现行利率下依然存在较多的家庭农场选择通过商业银行信贷的方式来获取生产所需要的资金，家庭农场选择向商业银行进行信贷主要原因是商业银行的利率优惠程度较大，而缺乏抵押物也是家庭农场难以向商业银行申请贷款的主要原因。

　　本章通过上述分析，发现资金规模较小导致投资要素匮乏、金融政策缺位造成资金融通困难、缺乏有效抵押品使得投融资不畅、保险有效供给不足引致经营风险、风险补贴不足引致生产经营欠佳是家庭农场发展面临的主要金融困境。

第四章　家庭农场发展的农业信贷支持实证研究

前文分析了家庭农场的整体生产经营情况和金融支持的现状与问题，本章开始根据实地调研所获取的微观数据，结合前文构建的家庭农场金融支持理论框架来进行实证分析，从而有效验证金融支持家庭农场发展的相关理论假说。

第一节　实证模型设计与变量选取说明

一、实证模型设计

前文第三章通过理论分析揭示了农业信贷支持家庭农场发展的理论机理，为了检验农业信贷支持家庭农场发展的影响效应，本书首先构建农业信贷对家庭农场经营收入的实证模型，记为模型 1：

$$
\begin{aligned}
\text{Income}_i = {} & C_1 + \beta_1 \text{Finance}_i + \beta_2 \text{Investment}_i + \beta_3 \text{Totalcost}_i + \beta_4 \text{Scale}_i \\
& + \beta_5 \text{Grant}_i + \beta_6 \text{Right}_{1i} + \beta_7 \text{Right}_{2i} + \beta_8 \text{Gender}_i + \beta_9 \text{Education}_i \\
& + \beta_{10} \text{Population}_i + \beta_{11} \text{Raise}_i + \beta_{12} \text{Labor}_i + \beta_{13} \text{Politics}_i \\
& + \beta_{14} \text{Age}_i + \varepsilon_i
\end{aligned}
\tag{4.1}
$$

式（4.1）中，被解释变量是经营收入，通过 Income 表示；核心解释变量是农业信贷，通过 Finance 表示。为了减少因遗漏变量而导致估计结果失真，本书需要进一步引入控制变量对模型进行估计，具体而言，本章的控制变量主要包括：家庭农场投资规模，通过 Investment 表示；生产成本，通过 Totalcost 表示；经营规模，通过 Scale 表示；政府补贴，通过 Grant 表示；所在地是否进行土地确权，通过 Right₁ 表示；经营土地是否确权颁证，通过 Right₂ 表示；农场主性别，通过 Gender 表示；农场主受教育程度，通过 Education 表示；家庭人口数，通过 Population 表示；人口负担比，通过 Raise 表示；劳动力数量，通过 Labor 表示；政治关联，通过 Politics 表示；户主年龄，通过 Age 表示。此外，C_1 表示常数项；i 表示家庭农场个体；ε 表示随机干扰项。

同时，为了检验农业保险和抵押担保贷款是否会对农业信贷产生替代效应，本书还需引入农业保险和抵押担保作为控制变量，进一步考察农业信贷对家庭农场发展的影响效应：

$$\begin{aligned} \text{Income}_i = {} & C_2 + \beta_1 \text{Finance}_i + \beta_2 \text{Security}_i + \beta_3 \text{Mortgage}_i + \beta_4 \text{Investment}_i \\ & + \beta_5 \text{Totalcost}_i + \beta_6 \text{Scale}_i + \beta_7 \text{Grant}_i + \beta_8 Right_{1i} + \beta_9 \text{Right}_{2i} \\ & + \beta_{10} \text{Gender}_i + \beta_{11} \text{Education}_i + \beta_{12} \text{Population}_i + \beta_{13} \text{Raise}_i \\ & + \beta_{14} \text{Labor}_i + \beta_{15} \text{Politics}_i + \beta_{16} \text{Age}_i + \varepsilon_i \end{aligned} \tag{4.2}$$

式（4.2）中，Security 和 Mortgage 分别表示农业保险和抵押担保贷款；C_2 表示常数项，其余变量含义同式（4.1）。

最后，本书为了考察农业信贷支持对家庭农场发展家庭农场经营收入的非线性效应，通过引入截面门槛模型来对相关变量进行研究，截面门槛模型可以根据数据自身特点来内生的划分区间（丁忠民和玉国华，2017），截面门槛模型的基本形式如下：

$$Y_i = C_3 + \chi_1 X_i I\ (q_i < \gamma) + \chi_2 X_i I\ (q_i \geqslant \gamma) + \varepsilon_i \tag{4.3}$$

式（4.3）为单一门槛模型，Y_i 和 X_i 分别为被解释变量和解释变量；χ_1 和 χ_2 为待估计参数，当 $\chi_1 \neq \chi_2$ 时，说明二者之间存在门槛效应。式（4.3）中的相关参数以及门槛值估计方法可借助"自抽样法"（Bootstrap）来解决。

本书根据截面门槛模型原理，构建了金融支持对家庭农场发展的截面门槛模型，用于考察变量之间的非线性效应关系，具体模型设计如下：

$$\begin{aligned} \text{Income}_i = {} & C_5 + \theta_1 \text{Finance}_i I\ (\text{Finance}_i < \gamma)\ + \theta_2 \text{Finance}_i I\ (\text{Finance}_i \geqslant \gamma) \\ & + \theta_3 \text{Investment}_i + \theta_4 \text{Totalcost}_i + \theta_5 \text{Scale}_i + \theta_6 \text{Grant}_i + \theta_7 \text{Right}_{1i} \\ & + \theta_8 \text{Right}_{2i} + \theta_9 \text{Gender}_i + \theta_{10} \text{Education}_i + \theta_{11} \text{Population}_i \\ & + \theta_{12} \text{Raise}_i + \theta_{13} \text{Labor}_i + \theta_{14} \text{Politics}_i + \theta_{15} \text{Age}_i + \xi_i \end{aligned} \tag{4.4}$$

式（4.4）中，被解释变量是经营收入，通过 Income 表示；核心解释变量和门槛变量是金融资源，通过 Finance 表示。同时，为了减少因遗漏变量而导致估计结果失真，本书需要进一步引入控制变量对模型进行估计。在本书中，控制变量主要包括：家庭农场投资规模，通过 Investment 表示；生产成本，通过 Totalcost 表示；经营规模，通过 Scale 表示；政府补贴，通过 Grant 表示；所在地是否进行土地确权，通过 Right1 表示；经营土地是否确权颁证，通过

$Right_2$ 表示；农场主性别，通过 Gender 表示；农场主受教育程度，通过 Education 表示；家庭人口数，通过 Population 表示；人口负担比，通过 Raise 表示；劳动力数量，通过 Labor 表示；政治关联，通过 Politics 表示；户主年龄，通过 Age 表示。此外，C_5 表示常数项；γ 为待估计的门槛值；i 表示家庭农场个体；ξ 表示随机干扰项。

此外，为了减少因遗漏变量而导致估计结果失真，本书需要进一步引入控制变量对模型进行估计，本书在式（4.4）基础上，进一步引入农业保险和抵押担保作为控制变量，考察农业信贷对家庭农场发展的影响效应为

$$
\begin{aligned}
Income_i = {} & C_6 + \theta_1 Finance_i I\,(Finance_i < \gamma) + \theta_2 Finance_i I\,(Finance_i \geq \gamma) \\
& + \theta_3 Security_i + \theta_4 Mortgage_i + \theta_5 Investment_i + \theta_6 Totalcost_i + \theta_7 Scale_i \\
& + \theta_8 Grant_i + \theta_9 Right_{1i} + \theta_{10} Right_{2i} + \theta_{11} Gender_i + \theta_{12} Education_i \\
& + \theta_{13} Population_i + \theta_{14} Raise_i + \theta_{15} Labor_i + \theta_{16} Politics_i \\
& + \theta_{17} Age_i + \xi_i
\end{aligned}
\tag{4.5}
$$

式（4.5）中，Security 和 Mortgage 分别表示农业保险和抵押担保贷款；C_6 表示常数项，其余变量含义同式（4.4）。

二、变量选取说明

1. 被解释变量：经营收入（Income）

家庭农场经营收入提升是家庭农场发展的主要表现，所以，家庭农场经营收入高低在一定程度上反映出家庭农场发展的好坏程度，对于经营收入指标，本书主要通过问卷调查中的"2018 年家庭农场经营纯收入"一项获得。

2. 核心解释变量：农业信贷（Finace）

现阶段，家庭农场面临着较为严重的供给型信贷约束，商业银行资金供给不足致使农业生产要素投资困难，从而达不到农业投资的门槛条件，进一步抑制了家庭农场经营生产和持续发展。按照通行做法，农业信贷指标主要是指家庭农场通过正规金融机构所获得的经营性贷款，该指标能够充分反映出家庭农场的外源融资能力。

3. 控制变量

鉴于影响家庭农场发展的因素众多，需要控制家庭农场异质性可能对估计结果造成的偏误，本书通过设置系列家庭农场状况和家庭农场主个人特征的控制变量来提高模型估计的准确性程度。同时，为了防止遗漏变量对估计结果造

成系统性偏差，本书还引入农业保险和抵押担保作为控制变量，具体包括：

第一，农业保险（Security）。对于农业保险指标，本书通过微观调研问卷统计了山东省 291 个家庭农场 2008—2018 年每年缴纳保险费用的费用总额度，保险费用主要运用在保障家庭农场生产过程中农作物所面临的自然风险方面，通过该指标最终测算出了家庭农场年均保险费用缴纳额度。

第二，抵押担保贷款（Mortgage）。该指标能够充分反映出家庭农场的外源融资能力。关于抵押担保指标，主要来自本书问卷设计中家庭农场所获得的土地经营权抵押担保贷款规模一项。

第三，投资规模（Investment）。由于家庭农场土地规模的具体价值无法准确计算。因此，本书的投资规模主要是指家庭农场的固定资产投资规模，本书通过对山东省 291 个家庭农场进行调研，获得了家庭农场农用机械数量以及农用设施数量的具体情况。其中，家庭农场农用机械主要包括：拖拉机或农用车、耕地机、播种机、除草机、喷药机、抽水机、收割机、脱粒机、开沟机等农业机械设备；农用设施主要包括：冷库或仓库、晾晒场、禽畜棚舍、塑料大棚、农机库棚、办公设施等。具体计算过程中，所有农机价值与所有的农用设施价值之和即为本书家庭农场的投资规模总额。

第四，生产成本（Totalcost）。由于家庭农场的资金供给方不亲自参与家庭农场的经营管理活动，因而无法了解家庭农场的实际经营情况。这样，资金的需求方与供给方之间存在信息的不对称，信息不对称所造成的"逆向选择"和"道德风险"直接影响着家庭农场的生产成本、融资成本和融资需求，本书主要通过问卷调查中的"2018 年家庭农场总成本"一项获得。

第五，经营规模（Scale）。在农业生产中，土地要素更是最核心的投入要素。作为农村最基本的生产要素，土地不仅为家庭农场提供了最基本的生活保障，还为家庭农场提供了初始创业物资。大规模和集中联片的土地投入，是家庭农场培育的一个基本条件，尤其是种植类农业生产经营项目，更是需要直接利用土地，只有经营规模达到一定程度，才能充分发挥规模经济效应，进而促进家庭农场发展。本书的经营规模主要指家庭农场所用于生产经营的土地总面积，土地面积包括自有土地面积以及流转土地面积两部分。

第六，政府补贴（Grant）。现实的农业还属于弱质产业，受自然风险和市场风险的双重影响，使得家庭农场在实际的生产活动中要面临巨大的风险，且收益相对较低，致使大量投资主体对其望而却步，所以，政府介入家庭农场发展以弥补市场失灵和市场缺陷是十分必要的。政府补贴作为家庭农场的外部资金支持，在一定程度上缓解了家庭农场的资金约束，同时会对家庭农场发展产生"挤入效应"。该指标主要通过问卷调查中"农场获得的政府补贴"一项获得。

第七，农地确权（Right₁）。通过前文分析可知，家庭农场由于缺乏抵押担保物而面临着较为严重的供给型融资约束，如果能够为家庭农场引入相应的抵押担保物，则越有利于提高家庭农场农业保险资源的可得性程度，从而有利于提升家庭农场收入水平，促进家庭农场发展。家庭农场"农地确权"为二元离散变量，主要根据问卷调查中"农场主自家地是否已经领到了新的土地承包经营权证"一项获得，其中，回答"是"取"1"，回答"否"取"0"。

第八，所在地是否进行土地确权（Right₂）。该指标为二元离散变量，主要根据问卷调查中"农场主户口所在村是否进行了农地确权"一项获得，其中，回答"是"取"1"，回答"否"取"0"。

第九，农场主性别（Gender）。该指标为二元离散变量，主要根据问卷调查中"农场主性别"一项获得，其中，回答"男"取"1"，回答"女"取"0"。

第十，农场主受教育程度（Education）。家庭农场培育作为一项系统性的工程，不仅需要拥有农业生产性技术的专业人才投入，而且在后续发展阶段还需要具备一定专业知识储备和组织管理能力的人力资本投入。

第十一，家庭人口数（Population）。该指标是连续型变量，主要根据问卷调查中"参与农场经营的家庭劳动力"一项获得。

第十二，人口负担比（Raise）。该指标即家庭农场家庭青壮年劳动力与老年、幼年人数总和的比值，其中，老年为70岁以上老人，幼年为16岁以下未成年人。

第十三，劳动力数量（Labor）。该指标是连续型变量，主要根据问卷调查中"参与家庭农场劳动人数"获得。

第十四，政治关联（Politics）。该指标为二元离散变量，主要根据问卷调查中"农场主是否是党员""是否有家庭成员或亲戚朋友在政府部门工作""农场主是否有村干部或政府工作人员经历"三项获得，其中，"有相关经历（身份）"取"1"，"无相关经历（身份）"取"0"。

第十五，户主年龄（Age）。该指标是连续型变量，主要根据问卷调查中"农场主年龄"一项获得。

三、数据来源与描述性统计

本书选择了山东省的主要城市，主要包括济南市、青岛市和淄博市等17

个主要城市中的 120 多个区、县、镇、乡、村开展了山东省家庭农场的金融支持调查研究。本书在确定以上样本地区后，为了使收集的数据更具代表性和真实性，本书在区域选择上采取了分层抽样法。在实地调研过程中，本书一共发放问卷 291 份，回收有效问卷 291 份，有效样本率达到 100.00%。本书通过实地走访了解家庭农场的生产经营情况，并以发放调查问卷的方式获得真实有效的家庭农场微观数据，该数据能够全面反映被调查对象在家庭统计特征、资产与负债、收入与消费、金融与保险等方面的基本情况，有利于本书摸清家庭农场在生产经营方面所具备的典型特质。

本书通过对上述设定的变量指标进行整理，最终获得了 291 个家庭农场的2018 年的截面数据，表 4.1 为农业信贷支持家庭农场发展的描述性统计结果。

表 4.1　农业信贷支持家庭农场发展的描述性统计

变量类型	变量名称/单位	代码	均值	最小值	最大值	标准差
被解释变量	经营纯收入/万元	Income	29.6798	0.2000	460.0000	47.2469
解释变量	银行信贷总量/万元	Finance	31.3574	0.0000	303.0000	57.1595
控制变量	保险费用缴纳额度/元	Security	560.2524	0.0000	16000.0000	3534.9840
	抵押担保贷款/万元	Mortgage	80.2524	10.0000	500.0000	234.9840
	投资规模/万元	Investment	289.5593	6.1000	8040.0000	542.6392
	经营总成本/万元	Totalcost	218.3117	0.0000	2800.0000	321.6913
	土地经营规模/亩	Scale	544.2343	4.0000	10500.0000	909.1491
	政府补贴/万元	Grant	8.2241	0.0000	364.0000	28.0914
控制变量	经营土地是否确权颁证（是=1；否=0）	$Right_1$	0.5704	0.0000	1.0000	0.5163
	所在地是否进行土地确权（是=1；否=0）	$Right_2$	0.7320	0.0000	1.0000	0.4437
	农场主性别（男=1；女=0）	Gender	0.7388	0.0000	1.0000	0.4400
	农场主受教育程度/年	Education	12.0687	6.0000	16.0000	2.7258
	家庭人口数/人	Population	4.7766	1.0000	18.0000	1.7989
	人口负担比/%	Raise	24.1969	0.0000	100.0000	20.4725
	劳动力数量/人	Labor	4.6770	1.0000	80.0000	6.6518
	政治关联（是=1；否=0）	Politics	0.2577	0.0000	1.0000	0.4381
	户主年龄/岁	Age	46.5808	26.0000	72.0000	7.9561
其他	样本量	N	291	291	291	291

第二节　研究方法选择与指标选取特色

一、研究方法选择

关于本章研究方法的选择，本书主要采用多元线性回归模型、截面门槛模型、工具变量分位数回归模型对农业信贷支持家庭农场发展的影响效应进行定量分析。由于关于家庭农场在全国范围内的样本数据难以获得，所以，如何利用截面数据对农业信贷支持家庭农场发展的影响效应进行定量分析就是本章需要思考的重点与难点。从已有研究来看，以往对于家庭农场金融支持的相关研究，学者们一般是采用基于普通最小二乘法的多元回归模型检验对被解释变量和解释变量之间的关系。但是，基于普通最小二乘法的多元回归模型对变量数据的分析精度不足，不能考察金融支持家庭农场发展的非线性效应特征，使得研究结论缺乏一定的适用性。当前，家庭农场正面临着一定的金融资源约束，金融资源供给不足会导致家庭农场发展出现阶段性特征。同时，现阶段关于家庭农场在全国范围内的样本数据难以获得。

鉴于此，本书在充分考虑家庭农场金融资源获得性的基础上，采用截面门槛模型考察农业信贷影响家庭农场的非线性效应特征，这一方法在兼顾数据结构的同时，通过对农业信贷影响家庭农场发展进行定量分析，具有一定的创新性。譬如，对特定变量之间的关系进行分析最常用的就是普通线性回归模型，普通线性回归模型需要满足高斯—马尔可夫假设。然而，在实际中很少能够满足这一点，所以，引入非线性的截面门槛模型就十分必要。

二、指标选取特色

目前关于家庭农场在全国范围内的样本数据难以获得，这也对本书在研究农业信贷对家庭农场发展的衡量指标选取方面产生了一定的影响。同时，为防止遗漏变量对估计结果造成系统性偏差，本书在研究农业信贷支持家庭农场发展的影响效应时，还控制了家庭农场异质性可能对估计结果造成的偏误，通过设置系列家庭农场状况和家庭农场主个人特征的控制变量来提高模型估计的准确性程度，控制变量基本上涵盖了家庭农场的主要特征、状况，具体包括政府补贴、所在地是否进行土地确权、经营土地是否确权颁证、农场主性别、农场主受教育程度、家庭人口数、人口负担比、劳动力数量、政治关联、户主年龄。这对后续的类似研究而言具有一定的参考价值。

第三节　山东省家庭农场发展的农业信贷支持实证结果与解析

一、山东省家庭农场发展的农业信贷支持实证结果与解析

本书运用 STATA 16.0 软件对前文实证模型进行了相关检验与估计，具体见表 4.2 和表 4.3。由于本书采用截面门槛模型研究农业信贷对家庭农场发展的非线性效应关系，在对截面门槛模型估计前，首先对变量和数据进行一般性处理，然后再对模型（3）和模型（4）"门槛效应"存在的真实性及其相关参数的有效性进行检验，具体如表 4.2 所示。

表 4.2　门槛效应检验与门槛值估计

观察对象	门槛值	p 值	95% 置信区间
模型（3）	3.8918 *	0.06	[3.6889, 5.0106]
模型（4）	4.1175 **	0.04	[3.8067, 5.0106]

* 在 10% 水平下显著；** 在 5% 水平下显著；*** 在 1% 水平下显著。

在 95% 置信区间内，模型（3）和模型（4）均通过了门槛效应检验，模型（3）和模型（4）的门槛值所对应的 p 值分别为 0.06 和 0.04，也即模型（3）和模型（4）的门槛效应分别在 10% 和 5% 的显著性水平下显著。

接下来，本书将分别对多元线性回归模型与截面门槛回归模型进行详细解析。

首先，从农业信贷对家庭农场发展的影响效应来看，模型（1）显示，在对政府补贴、所在地是否进行土地确权、经营土地是否确权颁证、农场主性别、农场主受教育程度、家庭人口数、人口负担比等变量进行控制后，在 1% 的显著性水平下，商业银行信贷对家庭农场经营纯收入的边际影响效应整体为正，其影响系数分别为 0.0162，由此表明，商业银行信贷能够有效提升家庭

农场经营纯收入，这也符合本书的理论预期。进一步地，本书通过引入抵押担保作为控制变量来观察商业银行信贷对家庭农场经营纯收入的影响效应，模型（2）显示，随着商业银行信贷总量不断提升，其对家庭农场经营纯收入的正向影响也会不断提高，商业银行信贷对家庭农场经营纯收入的影响系数值为0.0165。同时，农业保险、抵押担保对家庭农场经营纯收入的边际影响效应显著为正，说明农业保险、抵押担保与农业信贷之间并未产生显著的替代效应。所以，农业信贷对家庭农场经营纯收入的正向影响效应被佐证。

其次，本书对多元线性回归模型的控制变量计量结果进行解析。结果显示，家庭农场投资规模、经营总成本、经营规模、政府补贴、人口负担比、劳动力数量和政治关联均对家庭农场经营纯收入具有正向促进作用，这意味着，提高家庭农场投资规模、经营总成本、经营规模、政府补贴、人口负担比以及农场主年龄对提高家庭农场经营水平具有正向促进作用（见表4.3）。

表4.3　实证结果

变量	模型（1）	模型（2）	模型（3）		模型（4）	
			下值	上值	下值	上值
银行信贷总量	0.0162 ***	0.0165 *	0.1376 ***	0.1368 **	0.0868 *	0.7584 ***
	(0.0028)	(0.0098)	(0.0432)	(0.0613)	(0.0448)	(0.5009)
保险费用缴纳额度	0.0427 ***			0.3436 **	0.0751 *	
		(0.0785)			(0.1561)	(0.0452)
抵押贷款额度		0.0355 *			0.1022 **	0.0211 ***
		(0.0211)			(0.0429)	(0.0064)
投资规模	0.0472 *	0.0458 **	0.0400	0.2436	0.0497	0.4603 ***
	(0.0274)	(0.0210)	(0.0677)	(0.1762)	(0.0657)	(0.2072)
经营总成本	0.0392 *	0.0353 *	0.0400	0.1073	0.0456	− 0.0830 ***
	(0.0205)	(0.0205)	(0.0627)	(0.1298)	(0.0598)	(0.1463)
土地经营规模	0.4514 ***	0.4430 ***	0.4751 ***	0.3826 ***	0.4239 ***	0.7968 ***
	(0.0791)	(0.0789)	(0.0951)	(0.1483)	(0.0834)	(0.1685)
政府补贴	0.1890 ***	0.1832 ***	0.1963 ***	0.1413	0.1906 ***	− 0.0185 ***
	(0.0608)	(0.0602)	(0.0733)	(0.0885)	(0.0680)	(0.1439)
经营土地是否确权颁证	− 0.0874 **	− 0.0707 *	− 0.1697 **	0.2961 *	− 0.0753 ***	− 0.5733 ***
	(0.0401)	(0.0421)	(0.0764)	(0.1682)	(0.0277)	(0.5747)
所在地是否进行土地确权	− 0.0385 ***	− 0.0662 **	0.0718	− 0.8033 *	− 0.0225	− 0.2310 ***
	(0.0142)	(0.0304)	(0.1856)	(0.4932)	(0.1876)	(0.6068)

变量	模型（1）	模型（2）	模型（3）		模型（4）	
			下值	上值	下值	上值
农场主性别	− 0.0501 ***	− 0.0721 **	− 0.1013	0.0990	− 0.0238	− 0.4368 ***
	(0.0188)	(0.0306)	(0.1605)	(0.4239)	(0.1686)	(0.5047)
农场主受教育程度	− 0.5494 *	− 0.4125 **	− 0.3659 **	− 0.3212 *	− 0.5333 *	0.7712 ***
	(0.2852)	(0.1892)	(0.1648)	(0.1825)	(0.2783)	(1.2323)
家庭人口数	0.0145 ***	− 0.0156 **	− 0.0446 *	0.3776 *	0.0134 *	− 1.0716 ***
	(0.0053)	(0.0072)	(0.0253)	(0.2248)	(0.0070)	(1.0853)
人口负担比	0.0443 **	0.0747 *	0.0555 **	0.1143 *	0.0639	0.3678 ***
	(0.0203)	(0.0430)	(0.0250)	(0.0649)	(0.0444)	(0.1658)
劳动力数量	0.0037 *	− 0.0023 *	0.0318	0.3926 **	− 0.0029 *	0.2384 ***
	(0.0022)	(0.0013)	(0.0464)	(0.1740)	(0.0017)	(0.2874)
政治关联	0.0714 ***	0.0716 **	− 0.0422	0.7757	− 0.0368	0.8172 ***
	(0.0263)	(0.0328)	(0.1399)	(0.4871)	(0.1373)	(0.4939)
户主年龄	0.8731 **	0.0117 *	0.0607	− 0.8196	− 0.6573 **	1.0189
	(0.3951)	(0.0066)	(0.2139)	(1.1218)	(0.2714)	(1.1410)
样本数量	291	291	291	291	291	291

注：括号内为稳健标准误。

* 在10%水平下显著；* * 在5%水平下显著；* * * 在1%水平下显著。

从农业信贷对家庭农场经营纯收入的影响效应来看，模型（3）显示，当农业信贷水平（对数值）小于3.8918时，农业信贷对家庭农场经营纯收入的边际影响效应整体为正，其影响系数为0.1376，且在1%的水平下显著。同时，当农业信贷水平（对数值）大于3.8918时，农业信贷对家庭农场经营纯收入的边际影响效应整体为正，其影响系数为0.1368，但不显著。由此表明，农业信贷能够有效提升家庭农场经营纯收入，这也符合本书的理论预期。模型（4）显示，当农业信贷水平（对数值）小于4.1175时，农业信贷对家庭农场经营纯收入的边际影响效应整体为正，其影响系数为0.0868，且在10%的显著性水平下显著。同时，当农业信贷水平（对数值）大于4.1175时，农业信贷对家庭农场经营纯收入的边际影响效应整体为正，其影响系数为0.7584，且在1%的显著性水平下显著。同时，农业保险、抵押担保对家庭农场经营纯收入的边际影响效应显著为正，说明农业保险、抵押担保与农业信贷之间并未产生显著的替代效应。所以，农业信贷对家庭农场经营纯收入的正向影响效应被进一步佐证，也即农业信贷对家庭农场发展具有十分显著的正向推动作用。

结果显示，家庭农场投资规模、经营总成本、经营规模、政府补贴、人口负担比、劳动力数量和政治关联均对家庭农场经营纯收入具有正向促进作用，这意味着，家庭农场投资规模、经营总成本、经营规模、政府补贴、人口负担比等对提高家庭农场经营水平具有正向促进作用。

通过上述分析，不难发现：商业银行信贷总量增长有助于家庭农场经营纯收入增长。因此，未来一段时间内，应当加强商业银行对家庭农场的信贷支持力度，通过金融支持来推动家庭农场发展。

二、山东省家庭农场发展的农业信贷支持效应稳健性检验

为了进一步验证前文研究结论的准确性和严谨性，本书需要对实证模型进行稳健性检验。一般而言，稳健性检验的方法主要包括三种：一是从数据本身出发，根据不同的标准调整样本分类来检验结果是否依然稳健；二是从变量出发，通过替换不同的变量来检验结果是否依然稳健；三是从计量方法出发，通过采用不同的计量方法来检验结果是否稳健。为此，本书在综合考虑数据结构和变量设计的基础上，决定采用变量替换的方法以及不同的计量方法来对模型进行稳健性检验。

在本书的研究中，解释变量与被解释变量之间的因果关系可能会导致模型估计偏误，一般而言，家庭农场发展水平越高，则意味着其获得农业信贷资金的规模也越大，为了解决农业信贷与家庭农场发展的内生性问题，本书通过借鉴（温涛等，2016）的做法，主要借助工具变量分位数回归法对模型参数进行估计，并将家庭农场是否从事农业以外的其他产业生产这一变量作为工具变量，工具变量需要满足相关性和外生性条件，通常情况下，家庭农场从事农业以外的其他产业能够增加家庭农场收入，但是，家庭农场从事农业以外的其他产业并不会直接影响家庭农场获得更多的农业信贷资金，同理，对于农业保险和土地经营权抵押担保贷款也是如此。此外，与最小二乘法相比，其显著特点体现在对异常值的敏感性较小，当扰动项为非标准正态分布时，工具变量分位数回归能够获得比最小二乘法回归更为有效、稳健的估计结果。最后，本书以家庭农场经营收入作为分位点，考察家庭农场在不同的经营收入分布区间上农业信贷的影响效应，这也有助于验证农业信贷对家庭农场发展的非线性影响效应，从而有效验证前文研究结论的准确性和严谨性。

1. 工具变量分位数回归模型的核心解释变量实证结果与解析

基于截面工具变量分位数回归模型原理，本书运用 STATA 16.0 软件对前文实证模型进行了估计，表 4.4 和表 4.5 列示了基于截面工具变量分位数回归模型的稳健性检验结果。为了分析不同家庭农场收入水平下农业信贷、投资规模、土地经营规模、政府补贴、所在地是否进行土地确权、经营土地是否确权颁证、农场主性别、农场主受教育程度、家庭人口数、人口负担比、劳动力数量、政治关联、户主年龄影响家庭农场的收入水平的边际效应与演化规律，本书给出了低收入水平组（Q_10 和 Q_20）、中低收入水平组（Q_30 和 Q_40）、中等收入水平组（Q_50 和 Q_60）、中高收入水平组（Q_70 和 Q_80）和最高收入水平组（Q_90）这九个具有代表性的分位点回归结果，下文依次进行解析。（Q-10 指工具变量分位数 10，余同）

首先，从农业信贷的角度考察，本书发现随着家庭农场收入水平层次不断提高，农业信贷对收入水平的边际效应出现了"先递减，后递增"的基本趋势，在对政府补贴、所在地是否进行土地确权、经营土地是否确权颁证、农场主性别、农场主受教育程度、家庭人口数、人口负担比等变量进行控制后，在工具变量分位数 10~90 区间位置上，其影响系数值分别为 0.0822、0.0668、0.0776、0.0548、0.1589、0.1911、0.2037、0.2092 和 0.2237，且系数分别在 1% 或 5% 的水平下显著。若对农业信贷的边际影响效应进一步考察，本书发现了一个十分有趣的现象，当工具变量分位数位于 10~40 分位点区间时，随着分位点递增，其边际影响系数逐渐递减。其中，当工具变量分位数位于 10~40 分位点区间时，其边际影响系数随着分位点递增而在 0.05~0.10 区间波动；当工具变量分位数位于 50~90 分位点区间时，其边际影响系数随着分位点递增而递增。由此推断出农业信贷对家庭农场发展存在正向的 U 形演化规律，这与前文的研究结论较为一致。对于上述演变过程，一个可能的解释是银行信贷业务通常需要一定资金作为准入门槛，因此，对于低收入水平的家庭农场来说，商业银行农业信贷供给意愿较低，所以，无法满足家庭农场生产需要，由此导致农业信贷对家庭农场收入水平的边际效应较低。相反，对于高收入水平的家庭农场而言，其家庭资源禀赋较好，在投资市场上的议价能力较强，有利于获得更丰富的金融资源，所以，农业信贷对家庭农场收入水平的边际效应也越高。

其次，从农业保险的角度考察，本书发现随着家庭农场收入水平层次不断提高，农业保险对收入水平的边际效应出现了"先递减，后递增"的基本趋势，在对政府补贴、所在地是否进行土地确权、经营土地是否确权颁证、农场主性别、农场主受教育程度、家庭人口数、人口负担比等变量进行控制后，在工具变量分位数 10 ~ 90 区间位置上，其影响系数值分别为 0.0472、0.0512、0.1016、0.1218、0.1209、0.1236、0.4912、0.4872 和 0.5021，主要在0.04 ~ 0.60 区间内波动。由此可见，较低的农业收入水平会使得家庭农场无力购买农业保险，从而导致家庭农场自身对农业保险的需求大大降低，从而降低了家庭农场对外部风险的抵御能力。同时，对于理性的家庭农场来说，自然会把部分收入配置到农业保险领域，从而保障自身获得一个更高的农业收入水平，从而促进自身发展。

表 4.4　稳健性检验结果

变量	模型（5）Q_10	模型（6）Q_20	模型（7）Q_30	模型（8）Q_40	模型（9）Q_50
银行信贷总量	0.0822 **	0.0668 ***	0.0776 ***	0.0548 ***	0.1589 ***
	(0.0370)	(0.0107)	(0.0147)	(0.0205)	(0.0331)
保险费用缴纳额度	0.0472 **	0.0512 ***	0.1016 ***	0.1218 ***	0.1209 ***
	(0.0212)	(0.0040)	(0.0123)	(0.0116)	(0.0347)
抵押贷款额度	0.0782 **	0.0802 *	0.0827 *	0.0921 **	0.0911 **
	(0.0395)	(0.0458)	(0.0418)	(0.0403)	(0.0410)
投资规模	0.0147 ***	0.1851 **	0.0271	0.1068 **	0.1341 ***
	(0.0044)	(0.0939)	(0.0869)	(0.0490)	(0.0027)
经营总成本	0.0491	0.2031 *	0.2522 *	− 0.2033 *	− 0.2523 *
	(0.1124)	(0.1053)	(0.1291)	(0.1052)	(0.1291)
土地经营规模	0.1049 ***	0.1980 ***	0.1932 ***	0.1983 ***	0.1956 ***
	(0.0192)	(0.0601)	(0.0212)	(0.0605)	(0.0216)
政府补贴	0.0805 **	0.1381 ***	0.0575 ***	0.1382 ***	0.0575 ***
	(0.0372)	(0.0143)	(0.0381)	(0.0143)	(0.0182)
经营土地是否确权颁证	0.6505 *	0.2624	0.3883 **	0.2621 *	0.3880 ***
	(0.3892)	(0.3271)	(0.1681)	(0.1489)	(0.1209)
所在地是否进行土地确权	0.3080	0.4951	0.8042 *	0.4952	0.8046 *
	(0.4611)	(0.3525)	(0.4811)	(0.3515)	(0.4841)
农场主性别	0.3497 **	0.3868 *	0.0371 *	0.3862 **	0.0371 *
	(0.1575)	(0.2198)	(0.0221)	(0.1772)	(0.0216)
农场主受教育程度	1.0363 **	0.0575 *	1.0932 *	0.0575 **	1.0932 *
	(0.4668)	(0.0327)	(0.6507)	(0.0264)	(0.6356)

变量	模型（5）	模型（6）	模型（7）	模型（8）	模型（9）
	Q_10	Q_20	Q_30	Q_40	Q_50
家庭人口数	0.2511 **	0.2753 *	0.5262 *	0.2753 **	0.5261 *
	(0.1131)	(0.1564)	(0.3132)	(0.1263)	(0.3059)
人口负担比	−0.0155	0.1091	0.1254	0.1092	0.1252
	(0.0106)	(0.1001)	(0.1243)	(0.1002)	(0.1214)
劳动力数量	0.1934 **	0.0187 *	0.1751 *	0.0187 **	0.1756 *
	(0.0871)	(0.0106)	(0.1042)	(0.0086)	(0.1021)
政治关联	0.2523 ***	0.4391 ***	0.6911 *	0.4392 ***	0.6910 *
	(0.0931)	(0.1113)	(0.4015)	(0.1112)	(0.4105)
户主年龄	1.3306 **	0.0210 *	1.3099 *	0.0211 **	1.3093 *
	(0.5994)	(0.0119)	(0.7797)	(0.0096)	(0.7612)
样本数量	291	291	291	291	291

注：括号内为稳健标准误。

*在10%水平下显著；**在5%水平下显著；***在1%水平下显著。

表4.5　稳健性检验结果

变量	模型（10）	模型（11）	模型（12）	模型（13）
	Q_60	Q_70	Q_80	Q_90
银行信贷总量	0.1911 ***	0.2037 ***	0.2092 **	0.2237 ***
	(0.0518)	(0.0141)	(0.0942)	(0.0138)
保险费用缴纳额度	0.1236 ***	0.4912 ***	0.4872 ***	0.5021 ***
	(0.0209)	(0.0281)	(0.0263)	(0.0462)
抵押贷款额度	0.0337 *	0.0418 **	0.0789 **	0.0620 *
	(0.0212)	(0.0177)	(0.0296)	(0.0348)
投资规模	0.4251 *	−0.2010 **	−0.2174 ***	−0.2241 *
	(0.2226)	(0.0852)	(0.0525)	(0.1259)
经营总成本	−0.1581 *	−0.1852 **	−0.1712 ***	−0.1851 **
	(0.0833)	(0.0939)	(0.0487)	(0.0939)
土地经营规模	0.1664 *	0.1543 **	0.1516 **	0.1543 *
	(0.0990)	(0.0708)	(0.0739)	(0.0808)
政府补贴	0.1143 ***	0.0548 *	0.1581 **	0.0548 ***
	(0.0420)	(0.0287)	(0.0682)	(0.0205)

项目	模型（10）Q_60	模型（11）Q_70	模型（12）Q_80	模型（13）Q_90
经营土地是否确权颁证	0.2246	0.2796	0.2789 ***	− 0.2279 **
	(0.2626)	(0.3412)	(0.0280)	(0.1145)
所在地是否进行土地确权	− 0.3841 ***	0.5947 *	0.0041	− 0.5917 *
	(0.0912)	(0.3521)	(0.0045)	(0.3514)
农场主性别	0.3091 *	− 0.0206 *	− 0.0003	0.0208 ***
	(0.1756)	(0.0123)	(0.0008)	(0.0076)
农场主受教育程度	− 0.0056 *	− 0.8281 *	0.0397 **	0.8282 *
	(0.0032)	(0.4929)	(0.0198)	(0.4815)
家庭人口数	− 0.2012 ***	0.4251 *	0.0759 **	0.4250 ***
	(0.0740)	(0.2226)	(0.0367)	(0.1592)
人口负担比	0.0818 *	− 0.0977 **	0.0008	0.0977 *
	(0.0487)	(0.0448)	(0.0011)	(0.0512)
劳动力数量	0.0004 *	0.1587 *	0.0016 ***	0.1582 ***
	(0.0002)	(0.0945)	(0.0005)	(0.0582)
政治关联	0.3418 *	0.4926 **	0.0438 ***	0.4916 *
	(0.2035)	(0.2260)	(0.0161)	(0.2574)
户主年龄	0.1626 ***	0.9475 *	0.9028	0.9478 ***
	(0.0924)	(0.5640)	(0.7446)	(0.3485)
样本数量	291	291	291	291

注：括号内为稳健标准误。

* 在10%水平下显著；** 在5%水平下显著；*** 在1%水平下显著。

接下来，从抵押担保贷款的角度考察，本书发现随着家庭农场收入水平层次不断提高，抵押担保贷款对收入水平的边际效应出现了"先递增，后递减"的基本趋势，在对政府补贴、所在地是否进行土地确权、经营土地是否确权颁证、农场主性别、农场主受教育程度、家庭人口数、人口负担比等变量进行控制后，在工具变量分位数10~90区间位置上，其影响系数值分别为0.0782、0.0802、0.0827、0.0921、0.0911、0.0337、0.0418、0.0789和0.0620，主要在0.04~0.10区间内波动，由此推断出抵押担保贷款对家庭农场收入水平存在倒U形演化规律。

综合上述分析，不难发现：农业信贷对家庭农场收入水平具有正向促进作用，而且农业信贷对家庭农场收入水平的边际效应出现了"先递减，后递增"的基本演化规律，由此说明本书的研究结论具有稳健性。

2. 工具变量分位数回归模型的控制变量实证结果与解析

第一，从投资规模对收入水平的影响效应来看，在对政府补贴、所在地是否进行土地确权、经营土地是否确权颁证、农场主性别、农场主受教育程度、家庭人口数、人口负担比等变量进行控制后，在工具变量分位数 10~90 区间位置上，投资规模对收入水平的边际影响效应整体为正，其影响系数分别为 0.0147、0.1851、0.0271、0.1068、0.1341、0.4251、−0.2010、−0.2174 和 −0.2241，而且具有极高的显著性，由此表明，投资规模能够有效促进家庭农场发展，这也符合本书的理论预期。不难发现，投资规模对家庭农场收入水平的边际效应存在"先增长，后降低"的基本态势。

第二，从土地经营规模对家庭农场收入水平的边际效应来看，在对政府补贴、所在地是否进行土地确权、经营土地是否确权颁证、农场主性别、农场主受教育程度、家庭人口数、人口负担比等变量进行控制后，当工具变量分位数位于 10~90 分位点区间时，在观测区间内，土地经营规模对收入水平的边际效应始终处于平稳、轻微波动的基本态势。土地经营规模对收入水平的边际影响效应整体为正，而且具有极高的显著性，其影响系数分别为 0.1049、0.1980、0.1932、0.1983、0.1956、0.1664、0.1543、0.1516 和 0.1543，由此表明，土地经营规模能够有效提升家庭农场收入水平，这也符合本书的理论预期。

第三，从经营总成本对家庭农场收入水平的影响效应来看，在对政府补贴、所在地是否进行土地确权、经营土地是否确权颁证、农场主性别、农场主受教育程度、家庭人口数、人口负担比等变量进行控制后，在工具变量分位数 10~90 区间位置上，经营总成本对收入水平的边际影响效应整体为负，而且具有极高的显著性，其影响系数分别为 0.0491、0.2031、0.2522、−0.2033、−0.2523、−0.1581、−0.1852、−0.1712 和 −0.1851。不难发现，经营总成本对家庭农场收入水平的边际效应存在"先增长，后降低"的基本态势：当工具变量分位数位于 10~30 分位点上时，其边际系数分别为 0.0491、0.2031 和 0.2522；当工具变量分位数位于 40~90 分位点区间时，其边际系数为 −0.2033、−0.2523、−0.1581、0.1852、−0.1712 和 −0.1851，这与前文的结论较为一致。

第四，政府补贴作为家庭农场的外部资金支持，在一定程度上缓解了家庭农场的资金约束，计量结果显示，该指标对家庭农场收入水平具有正向促进作用，这也符合本书的预期。与此同时，家庭农场所在地是否进行土地确权、经营土地是否确权颁证两项指标对家庭农场收入水平具有正、负两种效应，该结果与前文研究结论较为一致。

第五，个体特征方面。在主要同分位点上，农场主性别、农场主受教育年限、政治关联、农场主年龄对家庭农场收入水平产生正向作用，这也符合本书的预期。

第六，家庭特征方面。家庭人口数、人口负担比、劳动力数量对家庭农场收入水平产生正向作用，这基本符合本书的预期。由此说明，家庭人口数增加、人口负担比增加、劳动力数量增加均有助于提升家庭农场收入水平，该结果与前文研究结论较为一致。由此说明，本书的研究结果具有稳健性。

第四节　本章小结

如何借助农业信贷促进家庭农场发展一直受到学界高度关注。本章根据前文关于农业信贷支持家庭农场发展的理论机制，采用基于山东省17个主要城市中的120多个区、县、镇、乡、村的家庭农场微观数据，通过对上述设定的变量指标进行了整理，最终获得了291个家庭农场的2018年的截面数据，并运用多元线性回归模型、截面门槛模型、工具变量分位数回归模型实证考察了农业信贷对家庭农场经营收入的作用效应，研究表明：增加对家庭农场的农业信贷供给有利于促进家庭农场发展。同时，银行农业信贷对家庭农场发展水平具有非线性影响效应，当银行农业信贷供给水平较低时，其对家庭农场发展的作用效应较小；反之，则对家庭农场发展的作用效应较大。此外，本章还通过工具变量分位数回归模型验证了上述研究结论的稳健性。

第五章 家庭农场发展的农业保险 支持实证研究

前文运用博弈论和信息经济学分析方法研究家庭农场所面临的供给型融资约束形成机理,深入研究了农业信贷对家庭农场经营收入的理论机制和作用效应。本章将结合前文关于农业保险对家庭农场发展影响的理论分析,并根据实地调研所获取的微观数据来研究农业保险对家庭农场发展的影响效应,从而有效验证金融支持家庭农场发展的相关理论假说,具体包括以下内容:第一节主要是家庭农场发展的农业保险支持实证设计;第二节是介绍本书所采用的分析方法和指标选取特色;第三节是根据实证方法定量研究家庭农场发展的农业保险支持影响效应,并对家庭农场发展的农业保险支持效应进行稳健性检验;最后是本章小结。

第一节 研究方法选择与实证模型设计

一、实证模型设计

首先,与前文实证研究的思路相一致,本书构造了农业保险对家庭农场经营收入的实证模型,记为模型1:

$$\begin{aligned} \text{Income}_i = &\ C_1 + \beta_1 \text{Security}_i + \beta_2 \text{Investment}_i + \beta_3 \text{Totalcost}_i + \beta_4 \text{Scale}_i \\ &+ \beta_5 \text{Grant}_i + \beta_6 \text{Right}_{1i} + \beta_7 \text{Right}_{2i} + \beta_8 \text{Gender}_i + \beta_9 \text{Education}_i \\ &+ \beta_{10} \text{Population}_i + \beta_{11} \text{Raise}_i + \beta_{12} \text{Labor}_i + \beta_{13} \text{Politics}_i \\ &+ \beta_{14} \text{Age}_i + \mu_i \end{aligned} \tag{5.1}$$

式(5.1)中,被解释变量是经营收入,通过 Income 表示;核心解释变量是农业保险,通过 Security 表示。同时,为了减少因遗漏变量而导致估计结果失真，本书需要进一步引入控制变量对模型进行估计，主要包括：家庭农场投资规模，通过 Investment 表示；生产成本，通过 Totalcost 表示；经营规模，通过 Scale 表示；政府补贴，通过 Grant 表示；所在地是否进行土地确权，通过 $Right_1$ 表示；经营土地是否确权颁证，通过 $Right_2$ 表示；农场主性别，通过 Gender 表示；农场主受教育程度，通过 Education 表示；家庭人口数，通过 Population 表示；人口负担比，通过 Raise 表示；劳动力数量，通过 Labor 表示；政治关联，通过 Politics 表示；户主年龄，通过 Age 表示。此外，C_1 表示常数项；i 表示家庭农场个体；μ 表示随机干扰项。

其次，本书将构造农业保险对家庭农场经营收入影响的截面门槛模型，具体模型设计如下：

$$
\begin{aligned}
Income_i = {} & C_2 + \omega_1 Security_i I\left(Security_i < \gamma\right) + \omega_2 Security_i I\left(Security_i \geqslant \gamma\right) \\
& + \omega_3 Investment_i + \omega_4 Totalcost_i + \omega_5 Scale_i + \omega_6 Grant_i + \omega_7 Right_{1i} \\
& + \omega_8 Right_{2i} + \omega_9 Gender_i + \omega_{10} Education_i + \omega_{11} Population_i \\
& + \omega_{12} Raise_i + \omega_{13} Labor_i + \omega_{14} Politics_i + \omega_{15} Age_i + \xi_i
\end{aligned} \tag{5.2}
$$

式（5.2）中，被解释变量是经营收入，通过 Income 表示；核心解释变量和门槛变量是农业保险，通过 Security 表示。控制变量主要包括：家庭农场投资规模，通过 Investment 表示；生产成本，通过 Totalcost 表示；经营规模，通过 Scale 表示；政府补贴，通过 Grant 表示；所在地是否进行土地确权，通过 $Right_1$ 表示；经营土地是否确权颁证，通过 $Right_2$ 表示；农场主性别，通过 Gender 表示；农场主受教育程度，通过 Education 表示；家庭人口数，通过 Population 表示；人口负担比，通过 Raise 表示；劳动力数量，通过 Labor 表示；政治关联，通过 Politics 表示；户主年龄，通过 Age 表示。此外，C_2 表示常数项；γ 为待估计的门槛值；i 表示家庭农场个体；ξ 表示随机干扰项。

二、变量选取说明

1. 被解释变量：经营收入（Income）

变量说明同第四章，此处不再赘述。

2. 核心解释变量：农业保险（Security）

变量说明同第四章，此处不再赘述。

3. 控制变量

变量说明同第四章，此处不再赘述。

三、数据来源与描述性统计

本书结合实地调研数据，通过对上述设定的变量指标进行了整理，最终获得了 291 个家庭农场的 2018 年的截面数据，表 5.1 为农业保险支持家庭农场发展的统计结果。

表 5.1　农业保险支持家庭农场发展的描述性统计

变量类型	变量名称/单位	代码	均值	最小值	最大值	标准差
被解释变量	经营纯收入/万元	Income	29.6798	0.2000	460.0000	47.2469
解释变量	保险费用缴纳额度/元	Security	560.2524	0.0000	16000.0000	3534.9840
控制变量	投资规模/万元	Investment	289.5593	6.1000	8040.0000	542.6392
	经营总成本/万元	Totalcost	218.3117	0.0000	2800.0000	321.6913
	土地经营规模/亩	Scale	544.2343	4.0000	10500.0000	909.1491
	政府补贴/万元	Grant	8.2241	0.0000	364.0000	28.0914
	经营土地是否确权颁证（是=1；否=0）	$Right_1$	0.5704	0.0000	1.0000	0.5163
	所在地是否进行土地确权（是=1；否=0）	$Right_2$	0.7320	0.0000	1.0000	0.4437
	农场主性别（男=1；女=0）	Gender	0.7388	0.0000	1.0000	0.4400
	农场主受教育程度/年	Education	12.0687	6.0000	16.0000	2.7258
	家庭人口数/人	Population	4.7766	1.0000	18.0000	1.7989
	人口负担比/%	Raise	24.1969	0.0000	100.0000	20.4725
	劳动力数量/人	Labor	4.6770	1.0000	80.0000	6.6518
	政治关联（是=1；否=0）	Politics	0.2577	0.0000	1.0000	0.4381
	户主年龄/岁	Age	46.5808	26.0000	72.0000	7.9561
其他	样本量	N	291	291	291	291

第二节　研究方法选择与指标选取特色

一、研究方法选择

本书主要采用多项选择模型、排序回归模型、截面门槛模型对农业保险支持家庭农场发展的影响效应进行定量分析。由于现阶段关于家庭农场在全国范围内的样本数据难以获得，以往对于农业保险支持家庭农场发展的相关研究之中，学者们一般是采用基于普通最小二乘法的多元回归模型检验被解释变量和解释变量之间的关系。但是，基于普通最小二乘法的多元回归模型对变量数据的分析精度不足，不能考察农业保险影响家庭农场的非线性效应特征，使得研究结论缺乏一定的适用性。为此，本书在充分考虑家庭农场数据可获得性的基础上，采用截面门槛模型考察农业保险影响家庭农场发展的非线性效应特征，这一方法在兼顾数据结构的同时，通过对农业保险影响家庭农场发展进行定量分析，具有一定的创新性。

二、指标选取特色

为了有效分析前文所提出的理论研究假说，本书引入非线性效应模型对其进行回归估计，为此，本书以农业保险作为核心解释变量和门槛变量，通过观测其对家庭农场收入水平的边际效应来判断变量之间的非线性效应关系。与此同时，为防止遗漏变量对估计结果造成系统性偏差，本书在研究农业保险支持家庭农场发展影响效应时，还控制了家庭农场异质性可能对估计结果造成的偏误，通过设置系列家庭农场状况和家庭农场主个人特征的控制变量来提高模型估计的准确性程度，控制变量基本上涵盖了家庭农场的主要特征、状况，具体包括经营成本、所在地是否进行土地确权、经营土地是否确权颁证、农场主性别、农场主受教育程度、家庭人口数、人口负担比、劳动力数量、政治关联、户主年龄。

第三节 山东省家庭农场发展的农业保险
支持实证结果与解析

一、山东省家庭农场发展的农业保险支持实证结果与解析

本书运用STATA 16.0软件对前文实证模型进行了相关检验与估计，具体见表5.2和表5.6。由于本书采用截面门槛模型研究农业信贷对家庭农场发展的非线性效应关系，在对截面门槛模型估计前，首先对变量和数据进行一般性处理，然后再对模型（2）"门槛效应"存在的真实性及其相关参数的有效性进行检验，具体见表5.2。

表5.2 门槛效应检验与门槛值估计

观察对象	门槛值	P 值	95% 置信区间
模型（2）	2.1506 *	0.09	[2.0149, 2.4849]

*在10%水平下显著；**在5%水平下显著；***在1%水平下显著。

从表5.2中可以看出，在95%置信区间内，模型（2）均通过了门槛效应检验，模型（2）的门槛值所对应的P值为0.09，也即模型（2）的门槛效应均在10%的显著性水平下显著。

接下来，本书将分别对多元线性回归模型与截面门槛回归模型进行详细解析。

首先，从农业保险对家庭农场经营纯收入的影响效应来看，模型（1）显示，在对政府补贴、所在地是否进行土地确权、经营土地是否确权颁证、农场主性别、农场主受教育程度、家庭人口数、人口负担比等变量进行控制后，农业保险对家庭农场经营纯收入的边际影响效应整体为正，农业保险对家庭农场经营纯收入的影响系数值为0.0116。所以，农业保险总量对家庭农场经营纯收入的正向影响效应被有效论证。

其次，对多元线性回归模型的控制变量计量结果进行解析显示，家庭农场投资规模、经营总成本、经营规模、政府补贴、人口负担比、劳动力数量、男性农场主、农场主受教育年限和政治关联均对家庭农场经营纯收入具有正向促

进作用。这意味着，提高家庭农场投资规模、经营总成本、经营规模、政府补贴、人口负担比等对提高家庭农场经营水平具有正向促进作用。另一方面，家庭农场所在地农地确权、家庭农场土地确权颁证、家庭人口数、农场主年龄均会对家庭农场经营收入水平产生抑制效应。

表5.3　实证结果

变量	模型（1）	模型（2）	
		下值	上值
抵押贷款额度	0.0116 *	0.0257 **	0.0126 ***
	(0.0067)	(0.0120)	(0.0049)
投资规模	0.0478 **	0.0730 *	0.0085 *
	(0.0219)	(0.0382)	(0.0036)
经营总成本	0.0418 *	0.1246 *	0.0071
	(0.0235)	(0.0679)	(0.0386)
土地经营规模	0.4414 ***	0.1338	0.3216 ***
	(0.0820)	(0.0932)	(0.0596)
政府补贴	0.1893 ***	− 0.1589 **	0.1578 ***
	(0.0607)	(0.0723)	(0.0374)
经营土地是否确权颁证	− 0.0474 **	− 0.0397	− 0.0381
	(0.0217)	(0.1741)	(0.1286)
所在地是否进行土地确权	− 0.0953 ***	0.2466	− 0.2338 **
	(0.0350)	(0.1606)	(0.1108)
农场主性别	0.0536 **	0.0530	0.0814
	(0.0227)	(0.1910)	(0.1002)
农场主受教育程度	0.5411 *	0.0510 **	0.1001 ***
	(0.2871)	(0.0263)	(0.0163)
家庭人口数	0.00535	− 0.4815	0.0451
	(0.2172)	(0.3182)	(0.1463)
人口负担比	0.0455	0.0770 **	0.0054 ***
	(0.0458)	(0.0326)	(0.0020)
劳动力数量	0.00739 **	0.0210	0.0134
	(0.0034)	(0.1130)	(0.0686)
政治关联	0.0710 *	0.3245 **	− 0.1308
	(0.0403)	(0.1595)	(0.0950)

变量	模型（1）	模型（2）	
		下	上
户主年龄	−0.8772 **	0.5924 **	0.2906 ***
	（0.3823）	（0.2977）	（0.1080）
样本数量	291	291	291

注：括号内为稳健标准误。

* 在10%水平下显著；** 在5%水平下显著；*** 在1%水平下显著。

进一步地，本书对截面门槛模型回归结果进行解析。从农业保险对家庭农场经营纯收入的影响效应来看，模型（2）显示，在对政府补贴、所在地是否进行土地确权、经营土地是否确权颁证、农场主性别、农场主受教育程度、家庭人口数、人口负担比等变量进行控制后，当农业保险水平（对数值）小于2.1506时，农业保险对家庭农场经营纯收入的边际影响效应整体为正，其影响系数为0.0257。同时，当农业保险水平（对数值）大于2.1506时，农业保险对家庭农场经营纯收入的边际影响效应整体为正，其影响系数为0.0126。所以，农业保险对家庭农场经营纯收入的正向影响效应被进一步佐证，适量的农业保险对家庭农场发展具有十分显著的正向推动作用。

最后，对截面门槛回归模型的控制变量计量结果进行解析显示，家庭农场投资规模、经营总成本、经营规模、人口负担比、劳动力数量和政治关联均对家庭农场经营纯收入具有正向促进作用。另一方面，家庭农场所在地农地确权、家庭农场土地确权颁证、家庭人口数均会对家庭农场经营收入水平产生抑制效应。

通过上述分析发现：在利用多元线性回归模型和截面门槛回归模型来探究农业保险对家庭农场经营纯收入之间的关系时，农业保险总量的增长均有助于促进家庭农场发展，因此，进一步扩大农业保险对家庭农场的覆盖规模有利于促进家庭农场发展。

二、山东省家庭农场发展的农业保险支持效应稳健性检验

1. 工具变量分位数回归模型的实证结果与解析

表5.4和表5.5列示了基于截面工具变量分位数回归模型的稳健性检验结果。为了分析不同收入水平下抵押担保贷款、投资规模、土地经营规模、政府补贴、所在地是否进行土地确权、经营土地是否确权颁证、农场主性别、农场主受教育程度、家庭人口数、人口负担比、劳动力数量、政治关联、户主年龄

影响家庭农场的收入水平的边际效应与演化规律，本书给出了低收入水平组（Q_10 和 Q_20）、中低收入水平组（Q_30 和 Q_40）、中等收入水平组（Q_50 和 Q_60）、中高收入水平组（Q_70 和 Q_80）和最高收入水平组（Q_90）这 9 个具有代表性的分位点回归结果。

表 5.4 稳健性检验结果

变量	模型（3）	模型（4）	模型（5）	模型（6）	模型（7）
	Q_10	Q_20	Q_30	Q_40	Q_50
抵押贷款额度	0.0520 **	0.0542 ***	0.1297 ***	0.1313 ***	0.1622 ***
	（0.0234）	（0.0041）	（0.0134）	（0.0126）	（0.0430）
投资规模	0.3313 ***	0.3643 ***	0.0177 *	0.2981 ***	0.2187 ***
	（0.0178）	（0.0776）	（0.0101）	（0.1131）	（0.0392）
经营总成本	−0.1281 *	−0.2901 ***	0.0594 *	0.1232 **	0.1491 ***
	（0.0763）	（0.0872）	（0.0354）	（0.0697）	（0.0230）
土地经营规模	0.0451 **	0.1134 ***	0.0346 **	0.1271 ***	0.1049 ***
	（0.0207）	（0.6374）	（0.0159）	（0.0374）	（0.0193）
政府补贴	0.3414 ***	0.0101 ***	0.1887 ***	0.9281 ***	0.0805 **
	（0.1255）	（0.0048）	（0.0694）	（0.2267）	（0.0374）
经营土地是否确权颁证	0.2703 *	0.7260 ***	−0.1432 *	−0.2291 **	0.6502 *
	（0.1415）	（0.1749）	（0.0750）	（0.1081）	（0.3894）
所在地是否进行土地确权	0.2965 **	1.4920 ***	−0.1472 **	−0.2130 *	−0.3087
	（0.1256）	（0.1761）	（0.0624）	（0.1113）	（0.4661）
农场主性别	0.2555 ***	0.8072 ***	0.1202 ***	0.1011 ***	0.3492 *
	（0.0957）	（0.2046）	（0.0450）	（0.0051）	（0.1828）
农场主受教育程度	0.4760 *	0.6707 **	0.3108 *	0.1707	1.0360 *
	（0.2674）	（0.2981）	（0.1746）	（0.1907）	（0.5424）
家庭人口数	−0.0642 ***	0.5912 *	−0.0369 ***	0.1913	−0.2512 *
	（0.0236）	（0.3443）	（0.0136）	（0.1443）	（0.1314）
人口负担比	−0.0227 *	−0.2746	−0.0269 *	−0.2129	0.0155
	（0.0119）	（0.2997）	（0.0141）	（0.1028）	（0.1116）
劳动力数量	0.0970 **	−0.1998	0.0726 **	−0.2716	0.1945 *
	（0.0411）	（0.2284）	（0.0308）	（0.2026）	（0.1018）
政治关联	0.7249 ***	0.2391 ***	0.3989 ***	0.0261 **	0.2520 **
	（0.2715）	（0.0368）	（0.1494）	（0.0118）	（0.1193）

变量	模型（3）	模型（4）	模型（5）	模型（6）	模型（7）
	Q_10	Q_20	Q_30	Q_40	Q_50
户主年龄	− 2. 0051 ***	1. 2702 ***	1. 1029 ***	0. 0193	1. 3304 *
	（0. 3042）	（0. 2791）	（0. 0129）	（0. 2812）	（0. 6965）
样本数量	291	291	291	291	291

注：括号内为稳健标准误。

* 在10% 水平下显著；** 在5% 水平下显著；*** 在1% 水平下显著。

首先，从农业保险的角度考察，发现随着家庭农场收入水平不断提高，农业保险对收入水平的边际效应出现了"先递减，后递增"的基本趋势。在对政府补贴、所在地是否进行土地确权、经营土地是否确权颁证、农场主性别、农场主受教育程度、家庭人口数、人口负担比等变量进行控制后，在分位数10~90区间位置上，其影响系数值分别为0. 0520、0. 0542、0. 1297、0. 1313、0. 1622、0. 1121、0. 5588、0. 5181和0. 5852，主要在0. 05~0. 60区间内波动。

其次，对农业保险的边际影响效应进一步考察，发现了一个十分有趣的现象，当分位数位于10~20分位点区间时，随着分位点递增，其边际影响系数逐渐递减，当分位数位于30~90分位点区间时，其边际影响系数达到最小值0. 1121，然后，农业保险对家庭农场收入水平的边际效应又跃升为0. 5588、0. 5181和0. 5852，据此可推断出农业保险对家庭农场收入水平存在正向的U形演化规律。由此可见，较低的农业收入水平会使得家庭农场无力购买农业保险，从而导致家庭农场自身对农业保险的需求大大降低，从而降低了家庭农场对外部风险的抵御能力。同时，对于理性的家庭农场来说，自然会把部分收入配置到农业保险领域，从而保障自身获得一个更高的农业收入水平，从而促进自身发展。

表 5. 5　稳健性检验结果

变量	模型（8）	模型（9）	模型（10）	模型（11）
	Q_60	Q_70	Q_80	Q_90
抵押贷款额度	0. 1121 ***	0. 5588 ***	0. 5181 ***	0. 5852 ***
	（0. 0209）	（0. 0381）	（0. 0281）	（0. 0473）
投资规模	− 0. 4726	0. 1043 ***	0. 1304 ***	0. 1020 ***
	（0. 3891）	（0. 0368）	（0. 0001）	（0. 0024）
经营总成本	0. 2491	0. 2227 ***	0. 0003 ***	0. 0108 ***
	（0. 2203）	（0. 0021）	（0. 0001）	（0. 0007）

变量	模型（8）	模型（9）	模型（10）	模型（11）
	Q_60	Q_70	Q_80	Q_90
土地经营规模	0.3871 ***	0.0107 ***	0.0011 ***	0.2101 ***
	(0.0817)	(0.0010)	(0.0001)	(0.0001)
政府补贴	0.2213 ***	0.1001 ***	0.1029 ***	0.1401 ***
	(0.0625)	(0.0201)	(0.0101)	(0.0201)
经营土地是否确权颁证	0.3145 *	0.1893 *	0.0120	0.0392
	(0.1721)	(0.1041)	(0.0235)	(0.0560)
所在地是否进行土地确权	-0.0615 ***	0.0154 ***	0.0201 *	0.1325 **
	(0.0114)	(0.0055)	(0.0120)	(0.0666)
农场主性别	0.2912 ***	0.2789 ***	0.0043 **	0.0201 ***
	(0.0031)	(0.0282)	(0.0019)	(0.0021)
农场主受教育程度	0.2813 **	0.0026	0.0119 ***	0.0036 **
	(0.1151)	(0.0046)	(0.0034)	(0.0016)
家庭人口数	0.2984	0.0002	0.8966 ***	0.0095 ***
	(0.3813)	(0.0008)	(0.0322)	(0.0001)
人口负担比	0.0291 ***	0.0428 **	0.0201 ***	0.0293 ***
	(0.0091)	(0.0208)	(0.0001)	(0.0020)
劳动力数量	-0.4914	0.5518 ***	0.0202 ***	0.1208 **
	(0.3824)	(0.1296)	(0.0001)	(0.0570)
政治关联	0.4122 ***	0.1435	0.0301 ***	0.3310 ***
	(0.1160)	(0.2824)	(0.0001)	(0.0781)
户主年龄	0.4214	0.0017 ***	0.0195 ***	0.2400 ***
	(0.3012)	(0.0005)	(0.0073)	(0.0009)
样本数量	291	291	291	291

注：括号内为稳健标准误。

* 在10%水平下显著；** 在5%水平下显著；*** 在1%水平下显著。

2. 工具变量分位数回归模型的控制变量实证结果与解析

首先，从投资规模对收入水平的影响效应来看，在对政府补贴、所在地是否进行土地确权、经营土地是否确权颁证、农场主性别、农场主受教育程度、家庭人口数、人口负担比等变量进行控制后，在分位数 10～90 区间位置上，投资规模对收入水平的边际影响效应整体上为正向影响，其影响系数分别为

0.3313、0.3643、0.0177、0.2981、0.2187、- 0.4726、0.1043、0.1304 和 0.1020，所以，投资规模对家庭农场收入水平的边际效应存在"先增长，后降低"的基本态势。由此表明，投资规模能够有效促进家庭农场发展，这也符合本书的理论预期。

其次，本书对经营总成本影响家庭农场收入水平的边际效应与演化规律进行解析。从经营总成本对家庭农场收入水平的影响效应来看，在对政府补贴、所在地是否进行土地确权、经营土地是否确权颁证、农场主性别、农场主受教育程度、家庭人口数、人口负担比等变量进行控制后，在分位数10~90 区间位置上，经营总成本对收入水平的边际影响效应整体为正，而且具有极高的显著性，其影响系数分别为 - 0.1281、- 0.2901、0.0594、0.1232、0.1491、0.2491、0.2227、0.0003 和 0.0108。这表明，经营总成本能够有效促进家庭农场发展，这也符合本书的理论预期。不难发现，经营总成本对家庭农场收入水平的边际效应存在"先增长，后降低"的基本态势：当分位数位于 10~20 分位点区间时，其边际系数分别为 - 0.1281、- 0.2901；当分位数位于 30~50 分位点区间时，其边际系数为 0.0594、0.1232、0.1491，且随着分位点递增而逐渐增大；当分位数位于 60~70 分位点区间时，其边际系数分别为 0.2491、0.2227，当分位数位于 80~90 分位点区间时，经营总成本对家庭农场收入水平的边际效应出现急速下降，系数值分别为 0.0003、0.0108。由此可见，经营总成本对家庭农场收入水平具有促进作用，这也意味着家庭农场每增加 1% 的经营总成本将引致家庭农场收入水平平均增长 0.23%。

在对土地经营规模影响收入水平的边际效应进行考察时，在对政府补贴、所在地是否进行土地确权、经营土地是否确权颁证、农场主性别、农场主受教育程度、家庭人口数、人口负担比等变量进行控制后，当分位数位于 10~90 分位点区间时，在观测区间内，土地经营规模对收入水平的边际效应始终处于平稳、轻微波动的基本态势。土地经营规模对收入水平的边际影响效应整体为正，而且具有极高的显著性，其影响系数分别为 0.0451、0.1134、0.0346、0.1271、0.1049、0.3871、0.0107、0.0011 和 0.2101。这表明，土地经营规模能够有效促进家庭农场发展，这也符合本书的理论预期。具体而言，当分位数位于 10 分位点上时，其边际系数为 0.0451；当分位数位于 20~50 分位点区间时，其边际系数为 0.1134、0.0346、0.1271、0.1049，其边际影响系数随着分位点递增而在 0.03~0.13 区间波动；当分位数位于 60～90 分位点区间时，其边际系数分别为 0.3871、0.0107、0.0011、0.2101，土地经营规模对家庭农场收入水平的边际效应先上升，而后下降，最后再上升。所以，加快农村土地流转制度建设，促进土地向家庭农场大规模流转，同时加快家庭农场确权颁证制度设计，使得流转土地能够向商业银行申请相关的金融服务，这无疑有助于提升经营规模对家庭农场发展的正向促进效应。

政府补贴作为家庭农场的外部资金支持，在一定程度上缓解了家庭农场的资金约束，计量结果显示，该指标对家庭农场收入水平具有正向促进作用，这也符合本书的预期。与此同时，家庭农场所在地是否进行土地确权、经营土地是否确权颁证两项指标对家庭农场收入水平具有正、负两种效应。具体而言，经营土地是否确权颁证在 30～40 分位点区间的边际效应值为负向影响效应，其余为正向影响效应，而家庭农场所在地是否进行土地确权在 30～60 分位点区间的边际效应值为负向影响效应，其余为正向影响效应。这说明，大力开展农村土地承包经营权抵押担保贷款试点工作，进一步盘活了农村土地的生产资料功能属性，为家庭农场发展提供了有效的金融手段工具，有效弥补长期以来家庭农场因缺乏必要的抵押担保物而无法从正规金融机构获取资金的缺陷，能够有效促进家庭农场发展。

此外，从个体特征方面来看，在主要同分位点上，农场主性别、农场主受教育年限、政治关联、农场主年龄对家庭农场收入水平产生正向作用，这也符合本书的预期。这说明，男性农场主、农场主受教育年限增加、家庭农场有政治关联、农场主年龄增长均有助于提升家庭农场收入水平，该结果与前文研究结论较为一致。

最后，从家庭特征方面来看，家庭人口数、人口负担比、劳动力数量对家庭农场收入水平产生正向作用，这基本符合本书的预期。这说明，家庭人口数增加、人口负担比增加、劳动力数量增加均有助于提升家庭农场收入水平，该结果与前文研究结论较为一致。

综合上述分析，不难发现：投资规模对家庭农场收入水平的边际效应存在"先增长，后降低"的基本演化规律；经营总成本对收入水平的边际影响效应整体为正，且经营总成本对收入水平的边际影响效应具有"先增长，后降低"的基本演化规律；土地经营规模对收入水平的边际影响效应整体为正，且土地经营规模对家庭农场收入水平的边际效应始终处于平稳、轻微波动的基本演化规律。这说明本书的研究结论具有稳健性。

第四节　本章小结

　　家庭农场由于农业先天的弱质性而面临自然灾害风险、价格波动风险、土地流转风险、政策变动风险等，如果能够为家庭农场引入相应的农业保险产品，就能够增强家庭农场抵御自然灾害风险的能力，从而有利于家庭农场发展。本章基于前文理论分析基础上，采用山东省 17 个主要城市中的 120 多个区、县、镇、乡、村的家庭农场微观数据，通过对相关的变量指标进行了整理，最终获得了 291 个家庭农场的 2018 年的截面数据，并运用多元线性回归模型、截面门槛模型、工具变量分位数回归模型实证考察了农业保险对家庭农场经营纯收入的作用效应，研究表明：增加家庭农场的农业保险供给有利于提升家庭农场经营水平。同时，农业保险供给对家庭农场经营水平具有非线性影响效应，当农业保险供给水平较低时，农业保险对家庭农场经营收入的边际效应较小；反之，农业保险对家庭农场经营收入的边际效应较大。总体上，农业保险的介入有利于促进家庭农场发展。此外，本章还通过工具变量分位数回归模型验证了上述研究结论的稳健性。

第六章　家庭农场发展的抵押担保
支持实证研究

前文根据实地调研所获取的微观数据定量研究了家庭农场发展的农业保险支持影响效应。本章将结合前文理论分析，并根据实地调研所获取的微观数据来研究抵押担保对家庭农场发展的影响效应，从而有效验证土地经营权抵押担保贷款影响家庭农场发展的相关理论假说，具体包括以下内容：第一节主要是家庭农场发展的担保抵押支持实证设计；第二节是介绍本书所采用的分析方法和指标选取特色；第三节是根据实证方法定量研究家庭农场发展的抵押担保支持影响效应，并对家庭农场发展的抵押担保支持效应进行稳健性检验；最后是本章小结。

第一节　实证模型设计与变量选取说明

一、实证模型设计

首先，构造抵押担保对家庭农场经营收入的实证模型，记为模型1：

$$\begin{aligned}\text{Income}_i =\ &C_1 + \beta_1 \text{Mortgage}_i + \beta_2 \text{Investment}_i + \beta_3 \text{Totalcost}_i + \beta_4 \text{Scale}_i \\ &+ \beta_5 \text{Grant}_i + \beta_6 \text{Right}_{1i} + \beta_7 \text{Right}_{2i} + \beta_8 \text{Gender}_i + \beta_9 \text{Education}_i \\ &+ \beta_{10} \text{Population}_i + \beta_{11} \text{Raise}_i + \beta_{12} \text{Labor}_i + \beta_{13} \text{Politics}_i \\ &+ \beta_{14} \text{Age}_i + \mu_i \end{aligned}$$

$$(6.1)$$

式（6.1）中，被解释变量是经营收入，通过 Income 表示；核心解释变量为抵押担保贷款 Mortgage。同时，为了减少因遗漏变量而导致估计结果失真，需要进一步引入控制变量对模型进行估计。控制变量主要包括：家庭农场投资规模，通过 Investment 表示；生产成本，通过 Totalcost 表示；经营规模，通过

Scale 表示；政府补贴，通过 Grant 表示；经营土地是否确权颁证，通过 $Right_1$ 表示；所在地是否进行土地确权，通过 $Right_2$ 表示；农场主性别，通过 Gender 表示；农场主受教育程度，通过 Education 表示；家庭人口数，通过 Population 表示；人口负担比，通过 Raise 表示；劳动力数量，通过 Labor 表示；政治关联，通过 Politics 表示；户主年龄，通过 Age 表示。此外，C_1 表示常数项；i 表示家庭农场个体；μ 表示随机干扰项。

其次，构造抵押担保对家庭农场经营收入影响的截面门槛模型，记为模型 2：

$$
\begin{aligned}
Income_i = {} & C_2 + \omega_1 Mortgage_i I\left(Mortgage_i < \gamma\right) + \omega_2 Mortgage_i I\left(Mortgage_i \geqslant \gamma\right) \\
& + \omega_3 Investment_i + \omega_4 Totalcost_i + \omega_5 Scale_i + \omega_6 Grant_i + \omega_7 Right_{1i} \\
& + \omega_8 Right_{2i} + \omega_9 Gender_i + \omega_{10} Education_i + \omega_{11} Population_i \\
& + \omega_{12} Raise_i + \omega_{13} Labor_i + \omega_{14} Politics_i + \omega_{15} Age_i + \xi_i
\end{aligned}
\tag{6.2}
$$

式（6.2）中，被解释变量是经营收入，通过 Income 表示；核心解释变量和门槛变量是抵押担保贷款，通过 Mortgage 表示。同时，为了减少因遗漏变量而导致估计结果失真，引入控制变量对模型进行估计。控制变量主要包括：家庭农场投资规模，通过 Investment 表示；生产成本，通过 Totalcost 表示；经营规模，通过 Scale 表示；政府补贴，通过 Grant 表示；所在地是否进行土地确权，通过 $Right_1$ 表示；经营土地是否确权颁证，通过 $Right_2$ 表示；农场主性别，通过 Gender 表示；农场主受教育程度，通过 Education 表示；家庭人口数，通过 Population 表示；人口负担比，通过 Raise 表示；劳动力数量，通过 Labor 表示；政治关联，通过 Politics 表示；户主年龄，通过 Age 表示。此外，C_2 表示常数项；γ 为待估计的门槛值；i 表示家庭农场个体；ξ 表示随机干扰项。

二、变量选取说明

1. 被解释变量：经营收入（Income）

变量说明同第四章，此处不再赘述。

2. 解释变量：抵押担保贷款（Mortgage）

变量说明同第四章，此处不再赘述。

3. 控制变量

变量说明同第四章，此处不再赘述。

三、数据来源与描述性统计

本书结合实地调研数据，通过对上述设定的变量指标进行了整理，最终获得了 291 个家庭农场的 2018 年的截面数据，表 6.1 为抵押担保支持家庭农场发展的统计结果。

表 6.1 抵押担保支持家庭农场发展的描述性统计

变量类型	变量名称/单位	代码	均值	最小值	最大值	标准差
被解释变量	经营纯收入/万元	Income	29.6798	0.2000	460.0000	47.2469
解释变量	抵押担保贷款/万元	Security	80.2524	10.0000	500.0000	234.9840
控制变量	投资规模/万元	Investment	289.5593	6.1000	8040.0000	542.6392
	经营总成本/万元	Totalcost	218.3117	0.0000	2800.0000	321.6913
	土地经营规模/亩	Scale	544.2343	4.0000	10500.0000	909.1491
	政府补贴/万元	Grant	8.2241	0.0000	364.0000	28.0914
	经营土地是否确权颁证（是 =1；否 =0）	$Right_1$	0.5704	0.0000	1.0000	0.5163
	所在地是否进行土地确权（是 =1；否 =0）	$Right_2$	0.7320	0.0000	1.0000	0.4437
	农场主性别（男 =1；女 =0）	Gender	0.7388	0.0000	1.0000	0.4400
	农场主受教育程度 /年	Education	12.0687	6.0000	16.0000	2.7258
	家庭人口数/人	Population	4.7766	1.0000	18.0000	1.7989
	人口负担比/%	Raise	24.1969	0.0000	100.0000	20.4725
	劳动力数量/人	Labor	4.6770	1.0000	80.0000	6.6518
	政治关联（是 =1；否 =0）	Politics	0.2577	0.0000	1.0000	0.4381
	户主年龄/岁	Age	46.5808	26.0000	72.0000	7.9561
其他	样本量	N	291	291	291	291

第二节　研究方法选择与指标选取特色

一、研究方法选择

本书主要采用多元线性模型、截面门槛模型、工具变量分位数回归模型研究抵押担保贷款对家庭农场发展的作用效应进行定量分析。以往对于变量之间因果关系的研究，学者们一般是采用协整检验、格兰杰因果关系检验对被解释变量和解释变量进行分析。但是，协整检验、格兰杰因果关系检验对数据和指标体系都有很高的要求，协整检验、格兰杰因果关系检验一般适用于时间序列数据或面板数据，而本书的微观调研数据显然不满足这一基本要求，家庭农场在全国范围内的样本数据难以获得。众所周知，时间序列数据或者面板数据需要对调查对象进行较长时间的跟踪，上述条件对于本书的研究来说无疑是一个在短期之内不可能完成的任务。所以，如何利用截面数据研究抵押担保贷款对家庭农场的影响效应就是本章需要思考的重点与难点。

鉴于此，本书在充分考虑家庭农场发展特征的基础上，采用多元线性模型、截面门槛模型、工具变量分位数回归模型研究抵押担保对家庭农场发展的作用效应。工具变量分位数回归模型方法，其在兼顾数据结构的同时，对家庭农场发展因素进行定量分析，具有一定的创新性。工具变量分位数回归能够全面刻画一个条件随机变量的各分位点随协变量的变化情况，对变量估计出来的系数的边际效应是稳健的。除此之外，在误差项存在异方差的情况下，工具变量分位数回归估计量结果比普通最小二乘法更为有效，通过观测不同分位点，在一定程度上能够保证研究结论的稳健性。这对后续的类似研究具有一定的借鉴意义。

二、指标选取特色

因关于家庭农场在全国范围内的样本数据难以获得，这对本书在研究抵押担保对家庭农场发展的衡量指标选取方面产生了一定的影响。为此，本书通过实地调研获得了山东省291个家庭农场的微观调研数据，这使得本书的研究得到了数据的支撑。在实证变量的具体设置方面，本书对于抵押担保对家庭农场发展的实证分析主要期望获得两组连续型变量，通过设计相关问卷调查，本书获得了家庭农场通过抵押担保方式获得的贷款额度的基础数据。与此同时，为防止遗漏变量对估计结果造成系统性偏差，本书在研究抵押担保对家庭农场发展作用效应时，还控制了家庭农场异质性可能对估计结果造成的偏误，通过设置系列家庭农场状况和家庭农场主个人特征的控制变量来提高模型估计的准确性程度，控制变量基本上涵盖了家庭农场的主要特征、状况，这对后续的类似研究具有一定的参考价值。

第三节　山东省家庭农场发展的抵押担保支持实证结果与解析

一、山东省家庭农场发展的抵押担保支持实证结果与解析

本书运用 STATA 16.0 软件对前文实证模型进行了相关检验与估计。由于本书采用截面门槛模型研究农业信贷对家庭农场发展的非线性效应关系，在对截面门槛模型估计前，首先对变量和数据进行一般性处理，然后再对模型（2）门槛效应存在的真实性及其相关参数的有效性进行检验，具体见表 6.2。

表 6.2　门槛效应检验与门槛值估计

观察对象	门槛值	p 值	95% 置信区间
模型（2）	6.6805 ***	0.01	[3.8067, 5.5106]

*** 在 1% 水平下显著。

从表 6.2 中可以看出，在 95% 置信区间内，模型（2）均通过了门槛效应检验，模型（2）的门槛值所对应的 p 值为 0.01，也即模型（2）的门槛效应均在 1% 的水平下显著。

接下来，本书将分别对多元线性回归模型与截面门槛回归模型进行详细解析。

首先，从抵押担保贷款对家庭农场发展的影响效应来看，模型（1）显示，在对政府补贴、所在地是否进行土地确权、经营土地是否确权颁证、农场主性别、农场主受教育程度、家庭人口数、人口负担比等变量进行控制后，抵

押担保贷款对家庭农场经营纯收入的边际影响效应整体为正，其影响系数为0.3081，且回归系数在1%的显著性水平下显著。所以，抵押担保贷款对家庭农场经营纯收入的正向影响效应被佐证。这意味着，抵押担保业务为家庭农场发展提供了有效的金融工具，有效弥补了长期以来家庭农场因缺乏必要的抵押担保物而无法从正规金融机构获取资金的缺陷。总体而言，抵押担保贷款能够显著促进家庭农场发展。

其次，本书对多元线性回归模型的控制变量计量结果进行解析（见表6.3）。结果显示，家庭农场投资规模、经营总成本、经营规模、政府补贴、劳动力数量和政治关联均对家庭农场经营纯收入具有正向促进作用。另一方面，家庭农场所在地农地确权、家庭人口数增长、人口负担比提高均会对家庭农场经营收入水平产生抑制效应。所以，加快农村土地流转制度建设，促进土地向家庭农场大规模流转，同时加快家庭农场确权颁证制度设计，使得流转土地能够向抵押担保公司申请金融服务，有助于提升抵押担保贷款对家庭农场的发展水平的边际效应。

表6.3 实证结果

变量	模型（1）	模型（2）	
		低值	高值
抵押贷款额度	0.3081 ***	0.0106 *	0.1017 **
	(0.0008)	(0.0476)	(0.0054)
投资规模	0.0016	0.0202 ***	0.0301 ***
	(0.1052)	(0.0052)	(0.0039)
经营总成本	0.0350 ***	0.0101 *	0.0211 ***
	(0.0023)	(0.0043)	(0.0079)
土地经营规模	− 0.0201 ***	0.0851 *	0.1101 *
	(0.0085)	(0.0516)	(0.0775)
政府补贴	0.0053 ***	0.0353 *	0.0578
	(0.0007)	(0.0214)	(0.0407)
经营土地是否确权颁证	0.0053	0.0596 *	0.0225
	(0.0040)	(0.0361)	(0.0158)
所在地是否进行土地确权	0.1084 ***	0.1875 *	0.1987 ***
	(0.0071)	(0.1136)	(0.0399)
农场主性别	0.2066 ***	0.1649 *	0.1373 ***
	(0.0087)	(0.0999)	(0.0067)

变量	模型（1）	模型（2）	
		低值	高值
农场主受教育程度	0.2185 ***	0.4819 *	0.4892 *
	(0.0045)	(0.2921)	(0.2745)
家庭人口数	− 0.2526 ***	− 0.5263 *	− 0.5657 **
	(− 0.0192)	(0.3190)	(0.2984)
人口负担比	− 0.1260 ***	− 0.0578 *	− 0.2595 ***
	(− 0.0017)	(0.0350)	(0.0419)
劳动力数量	0.0237 *	0.2126 ***	0.1226 **
	(0.0086)	(0.0173)	(0.0636)
政治关联	0.1285 ***	0.4071 ***	0.9868 ***
	(0.0136)	(0.0683)	(0.2022)
户主年龄	0.1365 ***	0.2835 ***	0.9882 ***
	(0.0093)	(0.0161)	(0.0109)
样本数量	291	291	291

注：括号内为稳健标准误。

＊在 10% 水平下显著；＊＊在 5% 水平下显著；＊＊＊在 1% 水平下显著。

进一步地，本书对截面门槛模型回归结果进行解析。首先，从抵押担保贷款对家庭农场经营纯收入的影响效应来看，模型（2）显示，当抵押担保贷款（对数值）小于 6.6805 时，抵押担保贷款对家庭农场经营纯收入的边际影响效应整体为正，其影响系数为 0.1017，且在 5% 的显著性水平下显著。同时，当抵押担保贷款（对数值）大于 6.6805 时，抵押担保贷款对家庭农场经营纯收入的边际影响效应整体为正，其影响系数为 0.0106，且在 10% 的显著性水平下显著。这表明，抵押担保贷款能够有效提升家庭农场经营纯收入，这也符合本书的理论预期。因此，抵押担保贷款对家庭农场经营纯收入的正向影响效应被进一步佐证，适量的抵押担保贷款对家庭农场发展具有十分显著的正向推动作用。由此可见，抵押担保为家庭农场发展提供了有利的融资途径，为商业银行和家庭农场搭建了有效的信用体系，增加了家庭农场农业信贷供给，有助于促进家庭农场发展。同时，当抵押担保贷款供给水平较低时，其对家庭农场发展的作用效应较大；当抵押担保贷款供给水平较高时，其对家庭农场发展的作用效应较小，即抵押担保贷款对家庭农场发展存在"先递增，后递减"的非线性影响效应。

最后，对截面门槛回归模型的控制变量计量结果进行解析显示，家庭农场投资规模、经营总成本、经营规模、政府补贴、劳动力数量和政治关联均对家庭农场经营纯收入具有正向促进作用，这意味着，家庭农场投资规模、经营总成本、经营规模、政府补贴、家庭农场土地确权颁证、男性农场主，农场主受教育年限、农场主年龄增长等对提高家庭农场经营水平具有正向促进作用。另一方面，家庭农场所在地农地确权、家庭人口数增长、人口负担比提高均会对家庭农场经营收入水平产生抑制效应。所以，加快农村土地流转制度建设，促进土地向家庭农场大规模流转，同时加快家庭农场确权颁证制度设计，使得流转土地能够向商业银行、保险机构和担保公司申请相关的金融服务，这将会有助于提升家庭农场发展水平。

通过上述分析，不难发现，抵押担保贷款总量增长有助于家庭农场经营纯收入增长，因此，未来一段时间内，应当加强担保公司对家庭农场发展的支持力度，通过抵押担保贷款来推动家庭农场发展。

二、山东省家庭农场发展的抵押担保支持效应稳健性检验

1. 工具变量分位数回归模型的实证结果与解析

与前文稳健性检验方法一致，本书将运用截面工具变量分位数回归模型对相关实证模型进行估计。表6.4和表6.5列示了基于截面工具变量分位数回归模型的稳健性检验结果。为了分析不同收入水平下抵押担保贷款、投资规模、土地经营规模、政府补贴、所在地是否进行土地确权、经营土地是否确权颁证、农场主性别、农场主受教育程度、家庭人口数、人口负担比、劳动力数量、政治关联、户主年龄影响家庭农场的收入水平的边际效应与演化规律，本书给出了低收入水平组（Q_10和Q_20）、中低收入水平组（Q_30和Q_40）、中等收入水平组（Q_50和Q_60）、中高收入水平组（Q_70和Q_80）和最高收入水平组（Q_90）这九个具有代表性的分位点回归结果，下文依次进行解析。

首先，从抵押担保贷款的角度考察，本书发现随着家庭农场收入水平层次不断提高，抵押担保贷款对收入水平的边际效应出现了"先递增，后递减"的基本趋势，在对政府补贴、所在地是否进行土地确权、经营土地是否确权颁证、农场主性别、农场主受教育程度、家庭人口数、人口负担比等变量进行控制后，在分位数10~90区间位置上，其影响系数值分别为0.0894、0.0982、0.0776、0.0937、0.0875、0.0737、0.0418、0.0789和0.0620，主要在0.0400~0.1000区间内波动。

表6.4　稳健性检验结果

变量	模型（3）	模型（4）	模型（5）	模型（6）	模型（7）
	Q_10	Q_20	Q_30	Q_40	Q_50
抵押贷款额度	0.0894 **	0.0982 *	0.0776 *	0.0937 **	0.0875 *
	(0.0403)	(0.0558)	(0.0462)	(0.0430)	(0.0509)
投资规模	0.0252 *	0.0814 **	0.0161 ***	0.0781 *	0.0620 **
	(0.0150)	(0.0373)	(0.0059)	(0.0409)	(0.0263)
经营总成本	0.2101 **	0.2052 *	0.3073 ***	0.3424 ***	0.3843 ***
	(0.1051)	(0.1121)	(0.0880)	(0.0772)	(0.0696)
土地经营规模	0.1271 **	0.0896 *	0.0644 *	0.0665 **	0.0752 ***
	(0.0573)	(0.0509)	(0.0383)	(0.0305)	(0.0276)
政府补贴	0.2234 **	0.2101 **	0.1920 **	0.1164 *	0.1193 **
	(0.1121)	(0.0980)	(0.0819)	(0.0693)	(0.0547)
经营土地是否确权颁证	0.1093 *	0.0523 **	− 0.1353 ***	− 0.1734 *	− 0.2510 **
	(0.0651)	(0.0240)	(0.0497)	(0.0908)	(0.1064)
所在地是否进行土地确权	− 0.2253 ***	− 0.1593 ***	0.0092	0.0587	− 0.0096
	(0.0220)	(0.0241)	(0.0221)	(0.2281)	(0.2373)
农场主性别	0.0535 *	− 0.1421 *	− 0.0536 **	0.0431 ***	0.1435 *
	(0.0311)	(0.0744)	(0.0227)	(0.0161)	(0.0806)
农场主受教育程度	− 0.4472 **	− 0.2330 *	0.1583 *	0.2820 **	0.2726 ***
	(0.2014)	(0.1324)	(0.0942)	(0.1294)	(0.1002)
家庭人口数	0.3112 *	0.3052 **	0.0511 *	0.2053 *	0.1805 **
	(0.1852)	(0.1400)	(0.0297)	(0.1075)	(0.0765)
人口负担比	0.0411 **	0.0812 ***	0.0854 *	0.0346 **	0.0081 ***
	(0.0189)	(0.0299)	(0.0447)	(0.0147)	(0.0030)
劳动力数量	0.2024 **	0.2354 *	0.1525 *	0.0477 **	0.1723 ***
	(0.0912)	(0.1338)	(0.0908)	(0.0219)	(0.0633)
政治关联	− 0.2314 *	0.1286 **	0.2368 ***	0.1373 *	0.1551 **
	(0.1377)	(0.0590)	(0.0871)	(0.0719)	(0.0657)
户主年龄	0.9951 **	0.5887 ***	0.4402 *	0.8292 **	0.5987 ***
	(0.4565)	(0.2164)	(0.2305)	(0.3514)	(0.2242)
样本数量	291	291	291	291	291

注：括号内为稳健标准误。

* 在10%水平下显著；** 在5%水平下显著；*** 在1%水平下显著。

其次，通过对抵押担保贷款的边际影响效应进一步考察，本书发现了一个十分有趣的现象，当分位数位于 10 ~ 90 分位点区间时，随着分位点递增，其边际影响系数逐渐递减，其中，当分位数位于 10 ~ 60 分位点区间时，其边际影响系数随着分位点递增而在 0.08 ~ 0.10 区间波动，当分位数位于 70 ~ 90 分位点区间时，其边际影响系数达到最小值 0.0418，然后，抵押担保贷款对家庭农场收入水平的边际效应又跃升为 0.0789 和 0.0620，由此推断出抵押担保贷款对家庭农场收入水平存在倒 U 形演化规律，这与前文的研究结论较为一致。

表 6.5 稳健性检验结果

变量	模型（8）	模型（9）	模型（10）	模型（11）
	Q_60	Q_70	Q_80	Q_90
抵押贷款额度	0.0737 *	0.0418 **	0.0789 **	0.0620 *
	(0.0386)	(0.0177)	(0.0296)	(0.0348)
投资规模	0.0269 *	− 0.0450 **	− 0.0336 ***	0.0841 *
	(0.0160)	(0.0206)	(0.0124)	(0.0440)
经营总成本	0.4056 ***	0.4518 ***	0.2756 ***	0.1761 **
	(0.0769)	(0.0986)	(0.1032)	(0.0801)
土地经营规模	0.1193 **	0.0780 *	0.0394 *	0.0992 **
	(0.0537)	(0.0443)	(0.0235)	(0.0455)
政府补贴	0.0959 **	0.1060 *	0.0907 *	0.0520 **
	(0.0432)	(0.0602)	(0.0540)	(0.0239)
经营土地是否确权颁证	− 0.1928	0.0094 *	0.1346 **	0.0653 ***
	(0.2701)	(0.0056)	(0.0617)	(0.0240)
所在地是否进行土地确权	− 0.0648 ***	− 0.2382 *	− 0.3022 **	− 0.0765 ***
	(0.0238)	(0.1247)	(0.1281)	(0.0287)
农场主性别	0.1191	− 0.1366	− 0.3247	− 0.3962 *
	(0.2562)	(0.2633)	(0.2348)	(0.2114)
农场主受教育程度	0.1531	− 0.0095	0.1720	0.1906
	(0.4146)	(0.4321)	(0.3741)	(0.3901)
家庭人口数	0.3932 *	0.3154 **	− 0.0554 ***	0.0081 *
	(0.0723)	(0.1082)	(0.0081)	(0.1572)
人口负担比	− 0.0054 *	− 0.0145 **	− 0.00477 *	− 0.0119 *
	(0.0032)	(0.0067)	(0.0018)	(0.0062)

续表

变量	模型（8）	模型（9）	模型（10）	模型（11）
	Q_60	Q_70	Q_80	Q_90
劳动力数量	0.1084 *	0.1563 **	0.2663 *	0.2131 *
	(0.0645)	(0.0717)	(0.1572)	(0.1116)
政治关联	0.0769 *	0.0974 *	0.2331 **	0.1024 ***
	(0.0437)	(0.0580)	(0.1069)	(0.0376)
户主年龄	0.2085 **	− 0.0849 *	− 0.3829 *	− 0.2994 **
	(0.0939)	(0.0482)	(0.2279)	(0.1373)
样本数量	291	291	291	291

注：括号内为稳健标准误。

* 在10%水平下显著；** 在5%水平下显著；*** 在1%水平下显著。

2. 控制变量的实证结果与解析

第一，从投资规模对收入水平的影响效应来看，在对政府补贴、所在地是否进行土地确权、经营土地是否确权颁证、农场主性别、农场主受教育程度、家庭人口数、人口负担比等变量进行控制后，在分位数 10~90 区间位置上，投资规模对收入水平的边际影响效应整体为正，其影响系数分别为 0.0252、0.0814、0.0161、0.0781、0.0620、0.0269、− 0.0450、− 0.0336 和 0.0841。这表明，投资规模能够有效促进家庭农场发展，这也符合本书的理论预期。不难发现，投资规模对家庭农场收入水平的边际效应存在"先增长，后降低"的基本态势：当分位数位于 10 分位点上时，其边际系数为 0.0252；当分位数位于 20~60 分位点区间时，其边际系数在 0.10~0.80 区间内波动，且随着分位点递增而逐渐减小；当分位数位于 70~80 分位点区间时，其边际系数为 − 0.0450 和 − 0.0336，当分位数位于 90 分位点上时，投资规模对家庭农场收入水平的边际效应出现急速上扬，系数值为 0.0841。由此可见，投资规模对家庭农场收入水平具有促进作用，这也意味着家庭农场每增加1%的投资规模将引致家庭农场收入水平平均增长 0.03%。

第二，本书对经营总成本影响家庭农场收入水平的边际效应与演化规律进行解析。从经营总成本对家庭农场收入水平的影响效应来看，在对政府补贴、所在地是否进行土地确权、经营土地是否确权颁证、农场主性别、农场主受教育程度、家庭人口数、人口负担比等变量进行控制后，在分位数 10~90 区间位置上，经营总成本对收入水平的边际影响效应整体为正，而

· 137 ·

且具有极高的显著性，其影响系数分别为 0.2101、0.2052、0.3073、0.3424、0.3843、0.4056、0.4588、0.2756 和 0.1761，由此表明，经营总成本能够有效促进家庭农场发展，这也符合本书的理论预期。不难发现，经营总成本对家庭农场收入水平的边际效应存在"先增长，后降低"的基本态势：当分位数位于 10～20 分位点区间时，其边际系数分别为 0.2101、0.2052；当分位数位于 30～50 分位点区间时，其边际系数为 0.3073、0.3424、0.3843，且随着分位点递增而逐渐增大；当分位数位于 60～70 分位点区间时，其边际系数分别为 0.4056、0.4586，当分位数位于 80～90 分位点区间时，经营总成本对家庭农场收入水平的边际效应出现急速下降，系数值分别为 0.2756、0.1761。由此可见，经营总成本对家庭农场收入水平具有促进作用，这也意味着家庭农场每增加 1% 的经营总成本将引致家庭农场收入水平平均增长 0.31%。

第三，对土地经营规模影响收入水平的边际效应进行考察，在对政府补贴、所在地是否进行土地确权、经营土地是否确权颁证、农场主性别、农场主受教育程度、家庭人口数、人口负担比等变量进行控制后，当分位数位于 10～90 分位点区间时，在观测区间内，土地经营规模对收入水平的边际效应始终处于平稳、轻微波动的基本态势。土地经营规模对收入水平的边际影响效应整体为正，而且具有极高的显著性，其影响系数分别为 0.1271、0.0896、0.0644、0.0665、0.0752、0.119、0.0780、0.0394 和 0.0992。这表明，土地经营规模能够有效促进家庭农场发展，这也符合本书的理论预期。土地经营规模对家庭农场收入水平的边际效应始终处于平稳、轻微波动的基本态势：当分位数位于 10 分位点上时，其边际系数为 0.1271，当分位数位于 20～50 分位点区间时，其边际系数为 0.0896、0.0644、0.0665、0.0752，其边际影响系数随着分位点递增而在 0.06～0.90 区间波动，当分位数位于 60～90 分位点区间时，其边际系数分别为 0.119、0.0780、0.0394 和 0.0992，土地经营规模对家庭农场收入水平的边际效应先上升，而后下降，最后再上升。由此可见，土地经营规模对家庭农场收入水平具有促进作用，总体而言，家庭农场每增加 1% 的土地经营规模将引致家庭农场收入水平平均增长 0.08%。

第四，政府补贴作为家庭农场的外部资金支持，在一定程度上缓解了家庭农场的资金约束，计量结果显示，该指标对家庭农场收入水平具有正向促进作用，这也符合本书的预期。与此同时，家庭农场所在地是否进行土地确权、经营土地是否确权颁证两项指标对家庭农场收入水平具有正、负两种效应。具体而言，家庭农场所在地是否进行土地确权在 30~60 分位点区间的边际效应值为负向影响效应，其余为正向影响效应，而经营土地是否确权颁证在 30~40 分位点区间的边际效应值为正向影响效应，其余为负向影响效应，该结果与前文研究结论较为一致。

第五，个体特征方面。在主要同分位点上，农场主性别、农场主受教育年限、政治关联、农场主年龄对家庭农场收入水平产生正向作用，这也符合本书的预期。这说明，男性农场主、农场主受教育年限增加、家庭农场有政治关联、农场主年龄增长均有助于提升家庭农场收入水平，该结果与前文研究结论较为一致。

第六，家庭特征方面。家庭人口数、人口负担比、劳动力数量对家庭农场收入水平产生正向作用，这大部分符合本书的预期。这说明，家庭人口数增加、人口负担比增加、劳动力数量增加均有助于提升家庭农场收入水平，该结果与前文研究结论较为一致。

综合上述分析，不难发现：投资规模对家庭农场收入水平的边际效应存在"先增长，后降低"的基本演化规律；经营总成本对收入水平的边际影响效应整体为正，且经营总成本对收入水平的边际影响效应具有"先增长，后降低"的基本演化规律；土地经营规模对收入水平的边际影响效应整体为正，且土地经营规模对家庭农场收入水平的边际效应始终处于平稳、轻微波动的基本演化规律，由此说明本书的研究结论具有稳健性。

第四节　本章小结

本章采用山东省 17 个主要城市中的 120 多个区（县）的家庭农场的微观数据，通过对相关变量指标进行了整理，最终获得了 291 个家庭农场的 2018 年的截面数据，运用多元线性回归模型、截面门槛模型、工具变量分位数回归模型实证考察了抵押担保贷款对家庭农场收入水平的作用效应。研究表明：抵押担保贷款对收入水平的边际效应具有正向促进效用，而且抵押担保贷款对收入水平的边际效应出现了"先递增，后递减"的基本演化规律；投资规模对家庭农场收入水平的边际效应存在"先增长，后降低"的基本演化规律；经营总成本对收入水平的边际影响效应整体为正，而且经营总成本对收入水平的边际影响效应具有"先增长，后降低"的基本演化规律；土地经营规模对收入水平的边际影响效应整体为正，而且土地经营规模对家庭农场收入水平的边际效应始终处于平稳、轻微波动的基本演化规律。此外，本章还通过工具变量分位数回归模型验证了上述研究结论的稳健性。

第七章　家庭农场发展的组合性
金融支持机制设计

创新金融工具支持家庭农场发展的机制设计，放宽农村金融准入政策，加快建立商业性金融、合作性金融、政策性金融相结合。资本充足、功能健全、服务完善、运行安全的金融支持体系，是促进家庭农场发展的重要抓手。前文通过理论和实证研究揭示了家庭农场发展的投融资行为、资金约束问题和金融支持效果，研究发现农业信贷、农业保险和抵押担保三类金融工具均能够有效促进家庭农场发展，因此，设计与农业信贷、农业保险和抵押担保三者相关的组合性金融支持机制就显得十分必要。鉴于此，本章借助共生理论、资源整合理论和协同理论，构建了组合性金融支持机制价值创造的理论解释框架，分析了组合性金融支持机制设计的理论依据，并结合家庭农场特征对其在投资扩张、生产经营和信用借贷三个环节中的金融需求进行研究。在此基础上，本书进一步设计了家庭农场发展的组合性金融支持机制，目的在于充分发挥农业信贷、农业保险和抵押担保在促进家庭农场发展中的协同效应；并论证了家庭农场发展的组合性金融支持机制的可行性问题，从而为促进家庭农场发展以及全国其他地区家庭农场发展提供有利的经验依据与政策指导。

第一节　组合性金融支持机制设计的理论依据

一、金融共生理论与组合性金融支持机制

共生理论常被用来解释群体或组织之间相互依存、相互影响的关系与合作共生、相互演化的机制。在众多关于共生理论的论述中，袁纯清（1998）撰

写的《金融共生理论与城市商业银行改革》备受关注，在共生理论的基础上，他进一步提出了金融共生理论，认为共生是指共生单位的共生环境由某种共生关系形成，其实质是不同群体之间在系统进化和适应中共同发展，通过共生单位的协调与合作，在激励中达到对称互惠互利之间最终稳定的进化状态。金融共生理论创新了金融竞争理论，这也使我们更加清楚地认识到，除了竞争和利益冲突之外，所有金融主体在市场中都有共存与合作关系，这对于本书设计家庭农场发展的组合性金融支持机制具有重要的理论借鉴意义。

共生的本质是共生单位凭借自身的资源或能力进行协调与合作，在金融支持相结合的运行机制下，家庭农场与金融机构、政府部门、农业社会化服务等共生单位根据自身的发展需要，借助相关的契约联盟，在核心竞争力领域与各自的优势进行合作，从而实现整体绩效的双赢目标。本书根据这一思路将共生理论、资源整合理论和协调理论有机地结合在组合性金融支持机制设计的理论研究中，从而建立一个较为全面的理论解释框架。

组合性金融支持机制是一种共生系统，其运作过程同时也是各共生主体基于共赢的资源整合过程。组合性金融支持机制是由农业产业链上的家庭农场与金融机构、政府部门等共生单元构成，各个市场主体基于各自的职能以及市场需要，以优势互补的协作共赢为目标，以契约合作的模式，按照较固定的分工形式，共同追求价值增值的一种共生系统（见图7.1）。其中，政府部门主要为家庭农场的发展提供政策支持，产业链上的家庭农场由于投资扩张、生产经营和信贷借贷三个环节的金融需求，与金融机构建立了相对稳定的业务合作关系，金融机构以分工合作和各种农业社会化服务实现了业务的核心和生产的专业化、而家庭农场由金融机构提供农业贷款、农业保险和抵押担保，改善融资约束和风险分担，扩大农业生产经营规模，同时金融机构可以利用产业链的规模经济优势，降低金融产品和服务的供给成本，最大限度地提高自身收入。同时，农业社会化服务机构不仅可以通过与金融机构的合作关系稳定家庭农场的发展，还可以利用金融机构控制家庭农场信息流，为家庭农场提供资产评估、技术指导和产权服务。在共生系统中，所有具有核心业务优势的共生单位都与其他市场主体建立合作关系，并在相互合作的基础上实现系统的整体资源利用，提高生产或经营的效率和价值增值，如果有合理的利润分配机制和有效的风险分担机制，系统将处于对称互惠运行的帕累托最优状态。

在图7.1中，组合性金融支持机制首先表现为农业信贷、农业保险和抵押担保业务之间的相互融合，从而能够有效解决家庭农场发展过程中的融资约束、经营风险和经营规模较小等问题，从而推动家庭农场发展。组合性金融支持机制运行过程本质上是一个家庭农场和金融机构、政府部门、农业社会服务机构和其他单位的共生的过程，在这个过程中，共生单元通过贡献其核心资源，链接到各自的优势，相互之间资源共享，优势互补，交互核心竞争力。因此，价值链的每一个环节都是在完成最高效的合作实体，从而实现每一个环节对价值链增值的最大贡献，以及每一个共生单元价值链的最大增值，从而实现"双赢"的协同效应。因此，组合性金融支持机制的运行过程也是各共生单元基于基本合作共赢的优势资源整合过程。

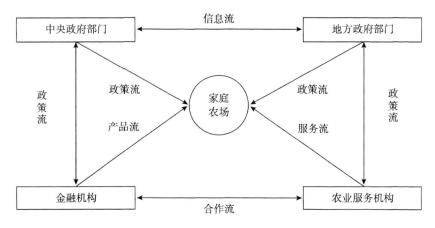

图 7.1　共生系统下组合性金融支持机制中各主体的相互协作关系

二、资源整合理论与组合性金融支持机制

组合性金融支持机制的价值创造既是一种共生协同效应，又是一种资源整合效应。根据资源整合理论，资源整合是一个经济组织组织、协调、整合和分配自身内部资源或自身资源和外部合作伙伴资源的过程，目的是根据自身发展战略提高客户服务水平，满足客户需求，提高核心竞争力。同时，这种"整合"不仅是对经济组织的各种资源的整合，也是经济组织的内外部资源的整合，资源整合是经济组织竞争机制的关键。作为一项金融创新，组合性金融支持机制是各协作方基于协同共赢的共同目标而构建的合作，在实现多方共赢的过程中，蕴含着各协作方资源的整合和优化配置（见图 7.2）。

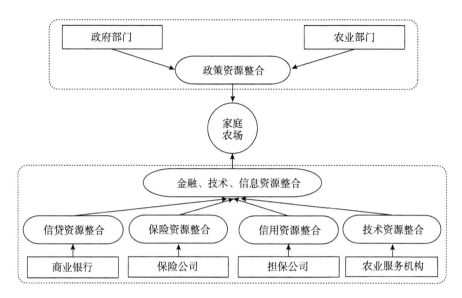

图 7.2　组合性金融支持机制中的资源整合

一是组合性金融支持机制实现了政策资源的整合。政府和农业部门是在家庭农场发展的基础上存在的，家庭农场发展和农业政策之间的有机整合和协调是家庭农场发展的必要条件。家庭农场的发展是整个现代化农业管理体系建设中的一个局部小循环。在多部门合作的情况下，政府部门和农业部门将农业政策完美地融入家庭农场发展的各个环节，进一步影响和促进家庭农场的发展。

二是组合性金融支持机制实现各个主体内部资源整合。首先，商业银行根据家庭农场的需求特点，根据自身的业务流程、物流和信息流控制家族农场的优势，设计相应的金融产品和服务，充分发挥商业银行的资本资源和风险管理优势，不仅为双方创造了业务拓展和增值服务，还能有效缓解家族农场的信贷约束，提高商业银行内部信贷资源整合的程度，具有很强的正外部性。保险公司根据家庭农场的经营规模、投资周期，以及遭受极端天气、生物疾病、自然灾害等风险的概率，充分发挥政策性保险和商业保险的优势，借助政府农业保险补贴，进一步整合保险资源，根据每类家庭农场管理项目设计具体的保险品种。譬如，目标价格保险、农业巨灾保险和期货保险、其他农产品保险、市场风险、自然风险等，通过各种风险转移，提高家庭农场抵御风险的能力，促进家庭农场的发展。此外，家庭农场往往遇到融资困难，因为规模小或信息不完整。此时，担保公司可以根据家庭农场的实际经营情况，为家庭农场提供相关的抵押担保服务，实现与家庭农场相关的高信用资源的整合。最后，农业社会化服务机构要对农业资源、规模、集约化进行组织重组，实现农业产业链分工合作的深度化，在相关资源整合的基础上进行农业社会化服务，为家庭农场提供农产品收购、农产品销售、加工、运输、仓储以及农业生产、技术、信息等服务，不仅解决了家庭农场规模不经济的问题，而且通过技术、资金等方面的合作，提高了家庭农场生产的集约化水平。

三是组合性金融支持机制对金融、技术与信息资源的整合。农业信贷、农业保险、抵押贷款相结合的组合性金融支持机制，进一步整合了农业服务的各个环节的资源优势，基于金融、技术、信息、管理一体化来提高现金流、信息流、政策和技术流的运行效率，这不仅提高了金融服务水平，增强了各主体在市场中的核心竞争力，也提高了主体与家庭农场之间的各种交易和服务效率，从而促进家庭农场信用建设、风险规避和融资约束缓解，进一步强化金融部门对家庭农场发展的正向促进作用。

三、协同理论与组合性金融支持机制

协同理论最早由德国物理学家哈肯于 1971 年提出，该理论是在系统论、控制论和信息论的基础上发展起来的理论之一，主要研究系统中不同类型的子系统之间相互矛盾、相互协调的科学理论，共同推动系统整体具有新秩序状态所呈现的特征和规律。协同理论研究由大量具有不同性质的子系统组成的各种复杂系统，该理论主要采用从局部到整体的综合研究方法，研究系统内各子系统如何通过竞争与合作形成整个系统的自组织行为。

家庭农场发展过程存在生产组织体系、金融支持体系、财政服务体系、市场营销体系、社会化服务体系、现代农业经营体系等子系统，只有这些子系统内部既竞争又协同，才能提高家庭农场整体有序度，推动家庭农场提升至新的发展水平。新形势下，随着我国农业现代化进程的加快推进，家庭农场必将成为农业发展的生力军，在我国农业现代化进程中发挥决定性作用。同时，家庭农场的发展产生了新的要求，结合金融产品，这就需要加快创新和新的农业金融支持机制建设，优化投融资政策环境的发展家庭农场，从而创造良好的金融支持条件的发展家庭农场。原有的基于家庭联产承包责任制的金融服务和农业投融资机制已不能适应新形势下家庭农场发展的金融需求。因此，建立适应家庭农场金融服务需求的新一套金融服务和农业投融资机制是家庭农场发展的客观需要，由此进一步延伸出了家庭农场发展过程中组合金融支持机制设计的相关议题。

组合性金融支持机制设计实际上是金融部门和金融部门主动适应发展家庭

农场的生产资本和业务风险共享两个方面的需要，也是金融行业和金融行业协同创新与家庭农场发展关系的实现过程，是基于家庭农场的基本需求，其直接受益的对象是家庭农场，间接受益的主体是商业银行等支持家庭农场发展的机构，所以需要调动商业银行、保险公司支持家庭农场发展的积极性，并通过担保机构的产品创新来实现各类金融机构之间的协同，这一过程可以概括为如图7.3所示。在组合性金融支持机制的设计中，金融与金融服务协同创新的需求来自金融机构。金融机构在支持家庭农场的发展过程中，为了刺激商业银行向家庭农场提供更多的信贷和融资服务，有必要加快金融产品和金融服务的创新，增加金融产品和金融服务的供给，以满足家庭农场对信贷资金的需求。同时，信贷机构通过创新信用贷款和抵押贷款工具为家庭农场提供信贷支持，形成有先有后和合理分工的金融服务支持模式，这可以极大地减少金融信贷机构提供服务的成本和风险，提高金融服务的热情和水平。除此之外，金融机构也可以通过设立农业担保基金、农业保险基金等，鼓励担保机构创新融资担保模式，积极发展农业保险，从而有效促进家庭农场的发展。

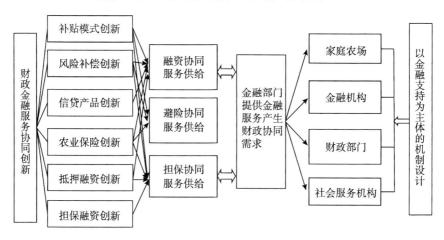

图7.3　财政金融服务与家庭农场发展的协同路径

由此可见，基于协同理论的联合金融支持机制设计以政府部门为导向，以金融机构和家庭农场为核心，通过农业部门、科技部门和社会服务部门的结合，形成紧密的集群社区。政府部门牵头发布相关政策，通过对每个系统的指导，各类市场主体参与了系统内的劳动分工和合作，从而使农业信贷、农业保险、抵押担保，资产评估、农业生产、产品推广、市场销售等方面实现资源的优化配置，进而促进家庭农场发展，同时使商业银行、保险公司、担保机构、农业社会服务公司等提高收入水平，充分发挥其服务功能，从而最大限度地发挥联合财政支持机制的协同效应，最终有效提升和促进家庭农场的发展。

第二节　家庭农场发展主要环节的金融需求分析

一、家庭农场投资环节的资金融通需求分析

实现农业适度规模化经营，是家庭农场区别于一般农户的重要特征。家庭农场经营规模较大，主要按照现代农业项目运行规律进行投资建设和规模扩张，在生产经营前期通过投资形成现代农业资本品，包括农用设备、农业厂房、地上附着物等。家庭农场投资是一个有机的综合系统，需要投资主体、授信主体、现代农业投资项目以及政府管理部门参与其中。家庭农场在投资环节之所以会产生资金融通需求，主要原因在于家庭农场因自有资本缺乏而无法满足项目投资所需资金，如果家庭农场自有资金能够达到项目投资的资金门槛，则家庭农场产生外部融资的意愿就会降低。家庭农场是现代农业经营主体的代表之一，现代农业是重资产行业，家庭农场生产的各个产业链环节都需要投入大量资本，都可以嵌入成信息对称性强、交易金额大、交易成本低的金融产品，满足金融机构提供金融服务的资产标的要求。在家庭农场进行农业生产之前，家庭农场需要进行购买农资、农机、农具，开展农场信息化建设，扩大流转土地的经营规模等农业投资行为。

土地、投资、技术和劳动力共同构成了家庭农场发展的动力源。由于土地的质量和数量均有下降的趋势，真正能长期依赖并由此推动家庭农场发展的要素是劳动力质量的改善、资本的增长以及农业技术进步。由于劳动力质量的改善需要长时间的教育投入，而农业技术进步需要依赖科技部门投入大量的研发和推广，所以，投资是短期内能够有效提升家庭农场发展的有效途径。家庭农场发展的资本增长及资本品的形成或生产能力提升均需要经历一个积累和运用的过程。家庭农场资本的积累就是储蓄，或者是农业剩余价值的资本化过程。当家庭农场资本积累（储蓄）到一定程度，就必须通过现代农业投融资体制的运作驱动家庭农场资本积累（储蓄）向农业项目投资转化，这就是现代农业储蓄投资转化机制的形成。所以，随着家庭农场规模化经营不断扩大，资金

需求量也会逐渐增加。家庭农场投资过程中，资金供应主体（授信主体）通常是商业银行、小额贷款公司等金融机构，它们通过购买融资主体的股权或直接通过债权对融资主体提供信用并融出资金。家庭农场从资金供应主体（授信主体）手中融入资金便接受了信用，在现代农业项目的预期收益的推动下，家庭农场将成为一个投资实体，并投资于现代农业项目，从而形成固定资产或无形资产。值得注意的是，现实经济运行过程中，家庭农场与金融机构之间存在信息不对称性，商业银行难以准确掌握家庭农场的所有经营信息，同时，家庭农场由于缺乏抵押担保物而面临着较为严重的供给型融资约束。因此，为了促进家庭农场投资活动顺利开展，就要设计和供应一个健全的有效的现代农业投融资制度及金融工具支持体系。

由此可见，家庭农场发展需要进行购买生产资料、购置农用机械、建设农户厂房、进行土地流转、雇用农业人员等一系列投资活动，由于家庭农场具有规模化经营的基本特征，其投资规模也较大，通过家庭农场自有资金积累无法满足农业现代化经营的投资要求和条件。因此，当家庭农场自有资金不足时，就需要通过外源融资来保障投资活动顺利进行，此时，家庭农场便产生了融资需求。由于目前商业银行所提供的农业信贷均要求提供相应的抵押担保物，这可能使得部分家庭农场融资不畅，导致投资活动无法顺利进行。图 7.4 显示了家庭农场投资环节的资金融通需求产生过程。

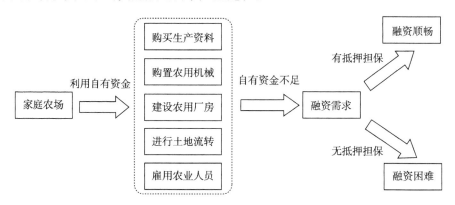

图 7.4　家庭农场投资环节的资金融通需求

二、家庭农场生产环节的风险规避需求分析

家庭农场发展具有系统性、综合性、复杂性特征，在实际的生产经营活动中既需要必要的要素投入，也需要有合适的外部环境，其中，自然环境对于家庭

农场而言至关重要。家庭农场生产经营本质上是自然再生产与经济再生产的结合体，没有良好的自然环境，家庭农场就无法得到发展，家庭农场的生产经营活动就无法顺利推进。一般来说，家庭农场所面临的自然环境主要包括土壤、地形、水文、气候等自然条件。由于自然环境因素的不确定性，致使家庭农场生产经营过程中要面临极大的自然环境风险，与其他生产活动相比，家庭农场生产活动的一个显著特点是自然环境对其影响较大，而且对自然环境的依赖性很高，如果经营项目具有潜在的自然灾害风险，则会使农产品无法顺利生产。同时，伴随着家庭农场生产经营规模逐渐扩大，家庭农场所面临的风险无疑也是非常巨大的，特别是在新形势下，家庭农场所面临的不同于传统农业经营的各种风险也逐渐显现。例如，伴随城市收入生活水平逐步提高、社会福利的显著改善，人们对农产品的需求开始由过去重数量以解决温饱向现在的重品质转变，向有机、非转基因和无公害农产品转变，向过去那种原始农产品高质量、无公害性的需求转变，这种转变必然会驱使着家庭农场运用现代科技生产出品质较高的农产品，由于新技术不成熟可能引致生产风险，使得家庭农场生产收益的不确定性风险提高。

不难发现，农作物虫害、农作物病害、冰雹和旱灾、雨涝、风灾及畜禽疾病等生产风险（自然灾害）将对家庭农场产生十分不利的后果和影响。目前，农业保险是政府扶持家庭农场发展、促进农业经济增长的一项重要金融工具，农业保险能够有效规避家庭农场生产过程中所产生的各类风险，最大程度降低家庭农场生产所遭受的损失。通过前文分析可知，家庭农场购买农业保险决策是选择农业保险保障水平使期末收益期望效用最大化，随着农业保险政策越来越完善，家庭农场购买农业保险也越来越理性，购买与否关键在于个人的风险态度和对农业保险的认知程度，而国家提供的保费补贴仍然是家庭农场购买农业保险的重要影响因素。目前，虽然保费补贴对农业保险的拉动作用在短期内是明显的，但是其可持续性却存在一定阻碍。原因在于，保险机构设计的农业保险工具缺乏创新力，其可操作性与农业产业的规模化发展存在明显的不匹配现象。譬如，农业巨灾风险的高度关联性使其在时间和空间上均不易分散，很容易导致保险公司高赔付率，甚至可能吞噬其准备金和资本金，对保险公司财务造成冲击，甚至导致破产。所以，考察农业保险的供给必须引入相应的组合性金融工具以化解家庭农场所面临的巨灾风险。

由此可见，在实际的生产经营活动中，家庭农场会面临农作物虫害、农作物病害、风灾冰雹、旱灾雨涝以及畜禽疾病等生产风险（自然灾害），为了有效减少家庭农场生产损失，家庭农场客观上需要通过相关的风险规避措施和手段来抵消各类生产风险所造成的收益损失，由此产生风险规避需求。然而，无论是从家庭农场自身角度，抑或是从政府部门和保险机构角度，现实农业保险需求与供给之间总是难以实现均衡。所以，加强风险补偿机制与组合性金融工具设计就显得十分必要。进一步地，图7.5刻画了家庭农场生产环节的风险规避需求产生过程。

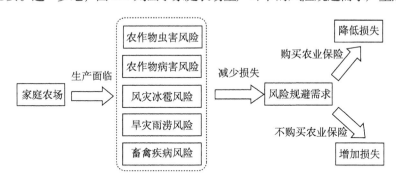

图 7.5　家庭农场生产环节的风险规避需求

三、家庭农场融资环节的抵押担保需求分析

　　家庭农场是现代化农业经营的一种新型组织形式，其发展需要采用先进的机械化技术生产水平和适度规模化经营，所以家庭农场的发展需要相当足够的资金保障。目前，相关金融部门聚焦于农村金融领域开展了多次改革和创新，并且也发布了若干优惠政策，但是农村金融市场的开发程度与农村金融制度都还没有得到充分挖掘和完善，其供给能力还无法完全满足家庭农场的金融需求。目前，家庭农场在发展过程中依旧面临着融资难、融资贵的困境，有效抵押品缺乏和担保制度不健全使得家庭农场贷款可得性降低，严重阻碍了家庭农场发展。家庭农场的生产经营活动不同于普通的家庭联产责任生产，规模大和融资信贷需求旺盛是其显著特征，相比于借贷金额较小的民间借贷，家庭农场更倾向于使用土地经营权抵押担保贷款来获得资金。农村土地经营权抵押担保贷款是一种农村金融工具的创新和发展，在一定程度上缓解了家庭农场因缺乏有效抵押担保品而不能获得信贷资金支持的生产经营困境。

　　从家庭农场的角度来看，农村土地经营权抵押担保贷款制度将农民手中闲置的土地盘活起来以获得经济价值，从而在一定程度上缓解家庭农场的融资困境。家庭农场生产经营所用的资金一方面来源于自有储备，另一方面通过民间私人借贷或小额信贷的方式获得。显然，民间信用借贷的利率远远高于正规借贷利率，这意味着家庭农场所面临的融资成本较高，而民间借贷属于非正规金融，其风险也高于正规借贷，这会加剧家庭农场的借贷风险。另外，小额信用贷款的办理过程比较复杂、贷款的额度较小、贷款的期限较短，这与家庭农场长周期的农业生产性质相矛盾，难以有效解决家庭农场的资金需要。农村土地经营权抵押担保贷款作为正规信贷渠道，具有贷款额度大、贷款周期长、贷款成本低等特点，更适合家庭农场发展，更有利于满足家庭农场融资需求。从资金供给角度来看，农村土地经营权抵押担保贷款在一定程度上降低了金融机构信息搜集成本和签约与监督等费用，丰富和创新了金融机构涉农金融产品，拓展了金融机构的信贷空间，降低了金融机构额外交易成本。所以，农村土地经营权抵押担保贷款不但节约了金融机构和农业经营主体之间的交易成本，而且提高了金融机构的经济效益，对农村金融制度的创新具有促进作用。但是，当前农村土地产权制度仍有诸多不完善、不健全之处，譬如，农村土地承包经营权缺乏有效凭证，由此降低了农地流动性，提高了土地交易成本。此外，农村土地经营权抵押贷款的价格受多种因素影响，一方面来自需求者对抵押物价格的预期和资金的需求程度，另一方面受供给方对价格的预期和抵押物自身的价值决定，目前我国抵押担保市场还不成熟，抵押物价格发现机制不够完善，无法对抵押物的真实价值进行合理评估。

因此，要不断深挖农村土地的融资借贷功能，以便达到交易主体之间的双赢局面，一方面，农村土地经营权抵押贷款的模式应尽可能发现农地所蕴含的内在经济价值，将其直接转化为生产所需资金流；另一方面，农村土地经营权抵押贷款方式不改变农村土地的占有、使用，不会影响家庭农场生产经营的正常进行。因此，完善农地经营权的产权权能，增强农地的融资功能，服务于家庭农场发展是当前我国抵押担保制度创新的重要举措。图7.6显示了家庭农场融资环节的抵押担保需求产生过程。

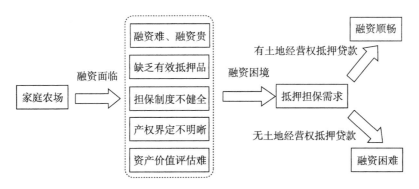

图 7.6　家庭农场融资环节的抵押担保需求

第三节　家庭农场发展的组合性金融支持机制设计

家庭农场主要环节的金融需求，包括家庭农场投资环节的资金融通需求、家庭农场生产环节的风险规避需求以及家庭农场融资环节的抵押担保需求，很大程度上依赖农业信贷、农业保险和抵押担保这三类金融工具的支持。而另一方面，目前的金融供给由于还存在一些尚需进一步优化的方面，无法很好地满足家庭农场发展的金融需求。这就需要进一步优化家庭农场发展的金融支持机制，发挥组合性金融工具对家庭农场发展的促进作用，更好地解决和满足家庭农场发展的金融需求。本书着眼于农业信贷、农业保险和抵押担保三个主要金融工具的效用最大化，从抵押担保、风险补偿和金融服务的层面，统筹考虑家庭农场发展的要素条件和各个主要环节的金融需求，构建家庭农场发展的组合性金融支持机制，以期充分发挥农业信贷、农业保险和抵押担保在促进家庭农场发展中的协同效应，为家庭农场发展营造良好的金融生态环境。

一、家庭农场发展的组合性抵押担保机制设计

目前，解决家庭农场发展所面临的融资约束问题，关键在于建立相关的抵押担保机制。首先，进一步降低土地产权抵押担保融资的门槛，扩大抵押担保的覆盖面，研究并推出非动产抵押制度，进一步撬动农村抵押担保贷款资金规模；通过完善农业资产抵押融资担保体系，建立由各级财政出资，具有法人资格的独立的政策性担保机构，实行市场化、公开化操作；也可以发展农村互助担保体系，建立农业企业担保协会来提高农村担保机构的组织化和互助化程度。

其次，积极建立财政、银行、担保公司风险分摊比例机制。为了有效促进涉农金融机构开展农村产权抵押贷款业务，需要建立担保机构和金融机构贷款担保协作网络，建立良好的信用担保合作关系，按照"风险共担、利益共享"的原则，对贷款本息实行比例担保，合理分担风险。同时，充分发挥财政资金"四两拨千斤"的决定性作用，通过撬动更多的农业金融和其他社会对农业领域的投入，采用"抵押担保公司＋政府补贴"模式，政府对担保机构提供资金补贴，将担保机构实际发生的损失，以担保机构所属市（区）财政和省财政共同出资按一定比例给予风险代偿。这种模式鼓励了担保机构对贷款担保的

支持力度，且有效分散了农村金融机构的信贷风险，广泛调动了农村金融机构支农的积极性，从而有效促进家庭农场发展。

再次，以农民专业合作社为媒介，集聚社会资金成立农民合作基金和资产经营公司，融合生产、供销、信用，为家庭农场提供融资担保。合作社与一家一户经营相比，抵押资产多、还款能力强、担保户数多，使家庭农场融资能力不断增强。可以成立家庭农场合作经济组织联合会，以家庭农场合作经济组织联合会作为担保主体，为家庭农场提供融资担保，并实行风险分层补偿。同时，综合考虑合作经济组织联合会融资担保和信用评级，创新合作经济组织联合会对家庭农场的抵押担保融资方式，可以借鉴供应链金融的相关运作模式。

最后，探索引入"农业贷款＋抵押担保＋风险补贴＋农业贷款再保险"组合性金融工具，不断创新与完善家庭农场融资模式选择。积极协调商业银行、担保公司、财政部门和保险机构之间的关系，各主体统筹一致开发基于农业贷款的组合性金融工具，担保公司通过为家庭农场提供担保向商业银行融入生产所需资金。同时，财政部门加大对保险机构的补贴力度，而保险机构通过设计农业贷款再保险来保障家庭农场按时还款，通过缓解商业银行贷款风险来提高其支持家庭农场发展的积极性。

二、家庭农场发展的组合性风险补偿机制设计

首先，目前，家庭农场普遍缺乏有效的抵押品，本书认为可以探索利用财政支农资金向商业保险机构统一购买商业保险，通过强制性的保险措施来规避家庭农场生产经营过程中可能存在的风险问题。具体来说，相关部门需要根据家庭农场资源禀赋稀缺的实际情况，采取灵活的财政支农资金创建农业保险的新机制。财政部门结合家庭农场资金缺口与国家当年拨付的财政支农资金数量与当地涉农商业保险机构进行协商谈判，以财政支农资金作为购买商业保险的主要资金，在满足双方需求实现双赢的前提下，确定商业保险购买数量，当家庭农场生产经营遭受外界条件所引起的损失时，商业保险机构有义务赔付家庭农场主的生产性损失。该种风险补偿方式不仅有效扩大了农业资金的使用效率，而且也降低了农业生产经营风险，提高了保险机构支农的积极性，解决了家庭农场风险抵御能力较差的问题。为了实现这个目标，相关部门还需要向家庭农场普及财政支农部分资金用来购买商业保险的基本知识、流程及最终处置办法，提高家庭农场接受该种风险补偿方式的意愿与积极性，一旦这种创新型风险补偿机制在试点地区取得良好效果并证明其可行性，便可积极推广到全国基础农业主产区。

其次，现实家庭农场经营的领域多属于弱质性产业，受自然风险和其他市场经济风险的双重因素影响，使得家庭农场在实际的农业生产经营活动中往往要面临巨大的生产性风险，由于农业的收益相对较低，致使大量农业投资主体对其望而生畏，这也就决定了政府部门的公共性财政支出和税收优惠成为促进家庭农场等新型农业经营主体发展的重要力量。为了有效克服农业生产经营过程中的自然风险和市场风险，有关政府部门应该在投资环节、融资环节、生产环节、销售环节给予适当的财政补贴，如我国推行的农机具补贴、农业技术补贴等政策，均属于财政补贴机制。本质上，政府通过补贴工具，能够帮助家庭农场分摊部分生产成本和风险，最终提高其经营收益，从而吸引工商资本或农村资本加入农业生产经营中，从而有利于家庭农场的发展。

再次，由于我国农业生产具有高成本、高风险、长周期等特点，为了建立必要的政府激励机制，还可以通过实施税收减免政策，以降低家庭农场在生产初期的创业成本和风险。例如，"农业保险＋风险补偿金"模式，由政府财政与保险机构出资建立保险风险补偿金，保险机构向家庭农场提供低成本、简便快捷的农业保险，当家庭农场遭遇风险时，政府财政按照合同的约定程序和既定比例承担保险机构的经济损失。

最后，探索引入"农业保险＋巨灾债券＋风险基金"组合性金融工具，开辟家庭农场投保新渠道。农业巨灾风险基金以股权融资作为基金资本金主要来源，通过发行巨灾债券以及政策金融机构借款作为应急资金来源。在巨灾发生前，主要提供农业巨灾指数保险、农业再保险、农业基础设施投资三款产品，同时投资家庭农场股权，通过出售产品和投资获得收益。在发生特大灾害时，农业巨灾风险基金主要通过保险、再保险赔付和应急救助进行救灾。在巨灾发生后，通过发行巨灾债券等金融工具从资本市场融资，结合自身投资用以家庭农场灾后重建，最大化程度较少家庭农场损失。

三、家庭农场发展的组合性金融服务机制设计

随着科学技术的不断发展，互联网金融也日趋繁荣，金融支持家庭农场的发展也需要跟上当前互联网金融发展的趋势和潮流，通过科技信息技术与金融相结合的方式，为金融支持家庭农场发展开辟出一条与以往完全不同的模式，具体而言，可以通过如下方式促进家庭农场发展。

第一，加强金融信息科技工程建设。相关农业发展部门可以引入现代信息技术手段，通过建立大数据平台加强对家庭农场在经营生产、经营绩效、社会

信用方面的信息管理，借助互联网等相关技术来增加家庭农场对相关金融信息、金融政策、融资渠道的可获得性，拓宽金融机构对家庭农场相关信息的获取渠道，有效解决家庭农场信息不对称等问题，从而提高家庭农场融资效率。

第二，建立"三农"资源资产权属管理中心。依托互联网等现代信息技术构建"三农"资源资产权属确认、颁证与管理中心，专门负责"三农"资源资产产权界定、登记、颁证和权属过户等行政管理和监督事务，使家庭农场资产的权属管理更具高效性和可操作性。

第三，建立农业经营资产价值评估机构。通过搭建农业经营资产价值评估机构，能够快速有效、便捷地帮助供需双方进行农业产权的转移，减少因为信息不透明而增加的额外成本。同时，不断规范和完善农业经营资产价值的评估制度和程序，实现农村资源资产权属管理中心与农业经营资产价值评估机构的信息互通，拓宽家庭农场发展的资金、土地、技术等生产要素来源渠道，有效解决农业市场信息发布渠道较窄等问题，强化家庭农场农业经营资产抵押担保融资的可操作性。

第四，建立农业风险资产收处管理中心。依托农业融资担保有限责任公司建立农业风险资产收处管理中心，促进金融机构支持家庭农场发展过程中风险及时化解、产权处置及土地经营权的再流转。同时，给予农业产权资产收处管理中心适当的财政补贴，积极发展和引导金融机构主导的风险资产收处管理中心、民间资本主导的风险资产收处管理中心等多种处置模式，提高农业风险资产处置效率，广泛调动抵押担保支持家庭农场发展的积极性。

第五，探索引入"农村电商＋农业信贷＋互联网金融"组合性金融工具。大胆创新农村金融服务渠道，利用互联网等新兴技术改善金融服务模式，寻求家庭农场发展的新平台。金融机构通过增设新农村互联网金融平台，通过有效利用互联网金融的大数据与信息化技术，对拥有合格资质的家庭农场提供农业贷款，打开农产品销售新市场，探索出符合新时代家庭农场发展的现代农业信息发展道路。

图 7.7 显示了家庭农场发展的组合性金融支持运行机制。

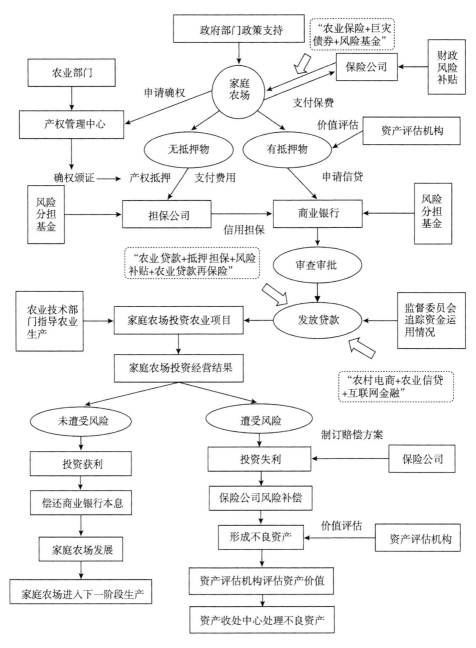

图 7.7　家庭农场发展的组合性金融支持机制

第四节　家庭农场发展的组合性金融支持机制可行性分析

家庭农场发展的组合性金融支持机制，由传统单一的金融工具支持逐步向多元的金融工具支持方式转变，由单一的金融部门向政府部门、金融部门、农业服务部门等多种主体参与转变，使得家庭农场能在抵押担保、风险补偿和农业服务方面获得有力支持。本书所设计的组合性金融工具符合当前国家重大农业扶持政策，符合当前家庭农场对金融服务的迫切需求，能够有效满足家庭农场、金融机构、社会服务机构等市场主体的经济利益需求，且能够在现实操作运行中找到经验支撑。

一、组合性金融支持机制符合国家支农政策的基本导向

党的十九大报告和近几年的中央"一号文件"都指出，要加大金融支持家庭农场发展的力度，充分发挥金融工具对于家庭农场等新型农业经营主体发展的催化剂作用，加快农村金融支持现代农业经营主体发展的制度建设。2019年8月，经国务院同意，中央农办、农业农村部等11部门和单位联合印发《关于实施家庭农场培育计划的指导意见》，鼓励金融机构针对家庭农场开发专门的信贷产品，拓宽家庭农场抵质押物范围，提高家庭农场贷款的可得性。同时，支持发展"互联网＋"家庭农场，提升家庭农场经营者互联网应用水平，推动电子商务平台通过降低入驻和促销费用等方式，支持家庭农场发展电子商务。本书在对山东省寿光市某家庭农场的调研中了解到，该家庭农场通过网络直播平台来推销农业产品，借助山东省寿光市政府与金融机构合作，扶持山东省寿光软件园、快递物流园建设，与此同时，通过组织网络达人、电商直播、青年电商等培训，极大提升了家庭农场盈利能力。所以，以"农村电商＋农业信贷＋互联网金融"为主的组合性金融工具能够有效促进家庭农场发展。

在农业保险方面，2013年，保监会发布了《关于进一步贯彻落实〈农业保险条例〉做好农业保险工作的通知》，提出要进一步加大农业保险产品供给力度，支持保险公司积极研究开发价格指数保险等新型产品，以此来满足当前我国家庭农场等新型农业经营主体生产过程中的风险规避需要。2014年，国

务院在《关于加快发展现代保险服务业的若干意见》提出，要"开展农产品目标价格保险试点，丰富农业保险风险管理工具"。2016 年中央"一号文件"指出，在风险可控前提下，稳妥有序推进农村承包土地的经营权和农民住房财产权抵押贷款试点，积极发展林权抵押贷款。2019 年 9 月 19 日，财政部、农业农村部、银保监会等四部门印发了《关于加快农业保险高质量发展的指导意见》，建立财政支持的多方参与、风险共担、多层分散的农业保险大灾风险分散机制，增加农业再保险供给，加大对农业经营主体的政策扶持力度，重点推动建立针对家庭农场的财政补助、大灾赔付、保险保障等政策，增强保险机构应对农业大灾风险能力。2020 年 3 月 6 日，农业农村部关于印发《新型农业经营主体和服务主体高质量发展规划（2020—2022 年)》，鼓励各地推动农业信贷担保体系创新开发针对新型农业经营主体和服务主体的担保产品，建立健全农业保险体系，探索开展产量保险、气象指数保险、农产品价格和收入保险等保险责任广、保障水平高的农业保险品种。目前，我国已经建立了较为完善的农业保险体系，为家庭农场的发展创造了良好的保险供给市场，为家庭农场的发展创造了良好的风险分担机制，有利于为家庭农场的发展提供化解风险的良好途径。笔者在山东省的调研中了解到，中国人民保险公司正在探索和开展农业保险目标价格试点，通过设计相关产品来支持和补贴农业保险目标价格。同时，抵押贷款保险品种也处于设计阶段。另外，在地方政府层面也愿意给予金融相关的资金支持，这有利于以"农业保险＋巨灾债券＋风险基金"和"农业贷款＋风险补贴＋抵押担保＋农业贷款再保险"为主的组合金融工具的有效实施。

二、农业良好的经济环境推动组合性金融支持机制运行

农业生产活动的显著特点在于自然环境对其影响较大，家庭农场是否能够健康持续发展，离不开一个良好的外部经济情况。在新形势下，伴随着家庭农场生产经营规模逐渐扩大，家庭农场获得规模经济效应也逐步凸显，如果家庭农场所经营的项目符合市场需求，那么就会获得极大的市场竞争力，进而促进农业项目投资顺利进行。与以往不同，家庭农场作为一种新型农业经营主体，与市场之间存在着较强的关联性，在利润方面会远高于传统农户的经营模式，因而农业良好的经济环境对家庭农场发展具有十分重要的影响效应。

一般情况下，学术界和实务界都认为农业是一个弱产业，农业投资风险高、收益低。然而，这是从传统农业发展的角度来分析的。随着中国经济的发

展，农业经济也在迅速发展。特别是随着国家对家庭农场支持力度的不断加强，一些家庭农场已逐步发展成为模范家庭农场，具有完善的组织结构、良好的治理机制和市场竞争力。同时，现代科学技术的广泛应用在农业领域使农业产品有了更高的附加值，农业企业具有较强的市场竞争力，一些家庭农场的管理能力也在迅速提高，家庭农场的可持续盈利能力明显加强，一些家庭农场可以获得高于社会平均收入的投资回报率。

农业良好的经济环境使得家庭农场不断发展和壮大，同时，家庭农场不断发展和壮大也能够促进我国农业经济良性发展，这也为金融机构进行相关的金融产品设计提供了大量可供选择的项目。随着我国农村金融市场不断完善，金融结构对家庭农场投也逐步了解，将会有更多的金融机构投资者涉足家庭农场发展的金融产品设计和投资过程中。同时，家庭农场经营规模增大，资金密集程度提高，涉及金融产品设计的法律法规也逐步完善，进一步拓宽了农业信贷、农业保险和抵押担保业务的设计范围，这也进一步加大了金融机构的创新动力，及时推出适合家庭农场的金融产品，为组合性金融支持机制提供了保障。笔者在调研中了解到，针对中央农村工作领导小组办公室、农业农村部等11部门和单位联合印发《关于实施家庭农场培育计划的指导意见》，山东农村商业银行加大普惠金融投放力度，第一时间研发了专门为农业客户提供便捷融资服务的信贷产品"惠农贷"项目，并迅速落地推广，用金融力量为家庭农场发展"输血供氧"；联合人保财险共同设计了针对"惠农贷"的农业贷款保险，通过引导家庭农场参加商业性来降低信贷风险，从而有利于"农业贷款＋抵押担保＋风险补贴＋农业贷款再保险"为主的组合性金融支持产品顺利实施。

三、新型金融产品试点为组合性金融工具提供经验支撑

2019年1月，中国人民银行等五部门联合发布《关于金融服务乡村振兴的指导意见》，提出增加农村金融供给，强化金融产品和服务方式创新，更好满足乡村振兴多样化融资需求。目前，山东省经过多年的探索与实践，基本形成了涵盖抵押方式、担保机制、信用贷款、支付结算等类型丰富的农村金融创新产品，特别是目前家庭农场资产覆盖面最广的抵押担保贷款对推进家庭农场发展具有重要作用，这也为组合性金融工具设计提供了有益的经验支撑。

现阶段，在实施乡村振兴战略的大背景下，金融机构服务乡村振兴的组织形式、信贷产品和服务方式都将发生转型。山东省根据相关政策要求不断创新

金融产品供给，努力提升农业经营主体的发展水平。目前，山东省初具规模且发展相对成形的新型金融产品主要有：第一，农业抵押担保形式的金融产品。主要有林权、宅基地使用权、农村土地承包经营权、村集体股权等各类抵质押贷款，主要以"信贷＋担保"等业务模式为主。第二，担保方式的组合性金融产品。山东省政府加强与农业担保公司等商业性融资担保机构、第三方担保公司、保险公司等合作，推出"信贷＋担保＋保险"等业务模式。第三，小额农业信用贷款。主要是辖内农商行结合信用镇、信用村、信用户等"三信"评定结果，对信用较好的农业经营主体发放的信用贷款，实行"农房抵押＋小额保证保险/个人担保/担保公司担保"等多种担保模式。山东省金融机构因地制宜，积极探索和设计多种金融产品，这有利于拓宽农业经营主体融资渠道，有利于农业经营主体规避生产经营风险，也有利于促进家庭农场等农业经营主体发展。笔者通过调研了解到，2018年7月以来，山东农村商业银行与山东省农业融资担保有限责任公司积极配合作，建立了"土地承包经营权"和"农民住房财产权"抵押贷款相关制度。同时，在家庭农场农房建设贷款中，对贷款到期借款人未履行还款义务的，在借款人违约30天内，由担保公司代偿，通过"两权"抵押贷款有效缓解了家庭农场等新型农业经营主体融资约束问题。

由此可见，山东省目前开展的新型金融产品有效推动了农村金融产品创新发展，这意味着本书所设计的组合性金融支持机制具备理论和实践上的可行性。第一，政策层面，目前国家正大力实施抵押担保的融资政策，山东省政府结合具体情况积极推进农村土地经营权、宅基地、林权等相关领域的抵押担保融资政策创新，这为推动金融机构设计相关的组合性金融产品并投入市场奠定了坚实的政策基础。第二，理论层面，家庭农场投资环节的资金融通需求、家庭农场生产环节的风险规避需求以及家庭农场融资环节的抵押担保需求，很大程度上依赖农业信贷、农业保险和抵押担保这三类金融工具的支持，这就需要进一步优化家庭农场发展的金融支持机制，发挥组合性金融工具对家庭农场发展的促进作用，从而发挥农业信贷、农业保险和抵押担保在促进家庭农场发展中的协同效应，为家庭农场发展营造良好的金融生态环境。第三，实践层面，山东省通过降低土地产权抵押担保融资的门槛，扩大抵押担保的覆盖面，进一步撬动农村抵押担保贷款资金规模，引入以商业银行的农业信贷为核心、农业保险作为风险补偿的金融工具有一定可操作性。山东省在这方面的探索为本书设计的组合性金融支持机制提供了经验支撑。

第五节 本章小结

本章借助共生理论、资源整合理论和协同理论，构建了组合性金融支持机制价值创造的理论解释框架，分析了组合性金融支持机制设计的理论依据，并结合家庭农场特征对其在投资扩张、生产经营和信用借贷三个环节中的金融需求进行研究，分析了家庭农场金融需求与金融供给之间存在的问题，从而为家庭农场发展的组合性金融支持机制设计奠定基础。在此基础上，本章进行了家庭农场发展的组合性金融支持机制设计，主要从抵押担保、风险补偿、财政补贴等方面，尝试引入"农业贷款＋抵押担保＋风险补贴＋农业贷款再保险""农业保险＋巨灾债券＋风险基金""农村电商＋农业信贷＋互联网金融"等家庭农场发展的组合性金融支持运行机制。本书设计的家庭农场发展的组合性金融支持机制具有一定的可行性。

第八章　研究结论与研究展望

第一节　研究结论

　　农业是经济社会发展的基础，没有农业的兴盛，就没有经济持续健康发展和社会稳定的根基。家庭农场是现代农业发展的重要组织形式和主要推动力，它代表了现代农业的发展方向，家庭农场能将那些小型农民经济转变为大型农业社会化生产经济，然而，目前家庭农场受其自身特点的制约，其自身发展能力弱，融资能力不强。家庭农场作为现代化农业的新型经营模式，其自身的发展不仅需要一定的经营管理水平，也需要丰厚的资金储备和风险抵御能力。长期以来，我国农村金融发展落后于城市金融，除了农业的弱质性原因外，最根本的还是没有一个适应农村多层次需求的金融组织体系，农村微型金融机构面临的风险较高，对农业的信贷供给只停留在政策层面而没有真正付诸实践，致使农业经营主体的融资存在严重困难。

　　本书通过分析当前山东省家庭农场发展面临的阻碍和原因，针对山东省的农业资源禀赋特点，发展和创新农村家庭农场的融资供给机制及信贷机制，探究山东省家庭农场融资难、融资贵的根本原因，发展和创新农村信贷产品与供给机制，缓解农业生产融资困境，总结山东省家庭农场试点经验。这对于提升农村金融发展的整体绩效，促进农村金融与农村经济协调发展来说具有十分重大的意义。

　　本书通过借鉴农业经济学和金融经济学相关的经典理论，探讨家庭农场、金融支持和农村金融的基本概念和特征，并借鉴西方发达国家的家庭农场培育宝贵经验来为研究提供经验借鉴。在此基础上，针对家庭农场投融资的理论内涵、家庭农场培育的基本条件、家庭农场培育的投融资体制构成及运行机制等构建了理论分析框架，并且对家庭农场培育的投融资机制进行了理论分析。同时，本书通过实地走访了解家庭农场的生产经营情况，并以发放调查问卷的方式获得真实有效的家庭农场微观数据。本书结合山东省家庭农场的微观调研数据，通过相关研究得到了如下主要结论。

第一，处于规模报酬递增阶段的家庭农场占比较多，处于规模报酬递减阶段的家庭农场次之，处于规模报酬不变阶段的家庭农场最末。从效率均值的角度看，山东省家庭农场的综合技术效率、纯技术效率和规模效率还未达到效率前沿面，综合技术效率较纯技术效率和规模效率低。纯技术效率不高是产生这种结果的主要原因，说明效率还有进一步的提升空间；而处于非效率前沿面家庭农场的纯技术效率值普遍低于规模效率值，说明家庭农场投资决策与经营管理水平不高是制约其绩效提升的主要原因。此外，山东省家庭农场资金规模较小导致生产要素匮乏，金融政策缺位造成资金融通困难，财政配套政策不足使经营欠佳，家庭农场缺乏有效抵押品使得投融资不畅，是限制山东省家庭农场投融资发展的主要原因。

第二，经营纯收入和经营总成本能够有效刺激家庭农场投资支出，同时，二者对家庭农场投资规模的边际效应存在"先增长，后降低"的基本演化规律；银行信贷总量对投资规模的边际效应具有正向促进效用，而且银行信贷总量对投资规模的边际效应出现了逐步递减的基本演化规律；保险费用缴纳额度并未能够有效刺激家庭农场投资支出；保险费用缴纳额度对家庭农场投资规模的边际效应存在"先增长，后降低"的基本演化规律；土地经营规模对投资规模的边际影响效应整体为正，而且土地经营规模对家庭农场投资规模的边际效应始终处于平稳、轻微波动的基本演化规律。家庭农场经营纯收入无法提升家庭农场投资效率，而且经营纯收入对家庭农场投资效率的边际效应存在"先增长，后降低"的基本演化规律；经营总成本对投资效率的边际影响效应整体为正，而且经营总成本对投资效率的边际影响效应具有逐步增长的基本演化规律；银行信贷总量对投资效率的边际效应具有正向促进作用，而且银行信贷总量对投资效率的边际效应出现了逐步递增的基本演化规律；保险费用缴纳额度并未能够有效提升家庭农场投资效率，同时，保险费用缴纳额度对家庭农场投资效率的边际效应存在"先增加，后降低"的基本演化规律；土地经营规模对投资效率的边际影响效应整体为正，而且土地经营规模对家庭农场投资效率的边际效应始终处于平稳、轻微下降的基本演化规律。

第三，家庭农场由于缺乏抵押担保物而面临着较为严重的供给型融资约束，如果能够为家庭农场引入相应的抵押担保物，则有利于提高家庭农场金融资源可得性。在信息不对称条件下，商业银行对家庭农场农业生产投资的回报率识别越准确，就越容易实现博弈双方的有效均衡，降低供给型融资约束。此外，商业银行与家庭农场要想保持长久的合作关系，商业银行就需要尽可能准确掌握家庭农场投资回报率相关的信息，以降低双方信息不对称的程度，减少贷款违约现象的发生，避免家庭农场供给型融资约束的形成，提高家庭农场金融服务满意程度。增加家庭农场经营纯收入、增长政府财政补贴、对家庭农场所在地的土地进行确权、对家庭农场土地进行确权颁证，能够有效提高家庭农场银行信贷可得性程度。同时，增加家庭农场生产成本将会降低家庭农场银行信贷可得性程度。当前山东省家庭农场所获得的银行信贷总量严重不足，商业银行贷款额度仍然无法满足家庭农场自身对银行信贷的需要，从而导致其对家庭农场金融服务满意度的影响为负。但是，保险费用缴纳额度对家庭农场金融服务满意度的影响具有正向作用。

第四，银行信贷总量对家庭农场经营纯收入具有正向影响效应，随着家庭农场获得的银行信贷总量不断提高，其对家庭农场经营纯收入的边际影响效应也越大。农业保险对家庭农场经营纯收入具有正向影响效应。家庭农场为了进一步扩大经营面积和投资规模，选择民间金融组织和网络平台借款获取资金的意愿并不强烈。从家庭农场投资绩效来看，大多数家庭农场的投资规模并未达到最优水平，投资决策与经营管理水平不高是制约其绩效提升的主要原因，家庭农场投资规模和投资绩效还有进一步的提升空间。此外，家庭农场资金规模较小导致生产要素匮乏、金融政策缺位造成资金融通困难、家庭农场缺乏有效抵押品使得投融资不畅、农业保险有效供给不足引致经营风险、风险补贴不足使经营欠佳是制约家庭农场发展的主要原因。家庭农场由于缺乏抵押物而面临着较为严重的供给型融资约束。增加家庭农场的农业信贷供给有利于促进家庭农场发展。当农业信贷供给水平较低时，其对家庭农场发展的作用效应较小；当农业信贷供给水平较高时，其对家庭农场发展的作用效应较大，即农业信贷对家庭农场发展存在"先递减，后递增"的非线性影响效应。农业保险能够对家庭农场生产风险所造成的损失进行补偿，是保障家庭农场发展的有力金融工具，加大农业保险对家庭农场发展的支持力度能够有效促进家庭农场发展。同时，当农业保险供给水平较低时，其对家庭农场发展的作用效应较小；当农业保险供给水平较高时，其对家庭农场发展的作用效应较大，即农业保险对家庭农场发展存在"先递减，后递增"的非线性影响效应。土地经营权抵押担保融资为家庭农场发展提供了有利的融资途径，为商业银行和家庭农场搭建了有效的信用体系，增加了家庭农场农业信贷供给，有助于促进家庭农场发展。当抵押担保贷款供给水平较低时，其对家庭农场发展的作用效应较大；当抵押担保贷款供给水平较高时，其对家庭农场发展的作用效应较小，即抵押担保贷款对家庭农场发展存在"先递增，后递减"的非线性影响效应。

第五，家庭农场自有劳动力和雇用劳动力的人力资本水平普遍不高，这说明家庭农场的人才储备机制并不健全，由于家庭农场缺乏相关的管理知识，无法建立一套完整的制度化管理体系，也无法像企业一样实现标准化生产，农业产业链和农产品附加值难以延伸，不能满足现代农业发展的要求。三个典型家庭农场均有不同程度的贷款需求，贷款需求主要集中在商业银行信贷形式，借贷期限均不长，其投资主要用于支付雇工费用。当前山东省家庭农场的信贷需求还未得到根本性的满足，如果家庭农场资金不足，无疑会削弱其生产的积极性。此外，伴随家庭农场生产经营规模扩大，相应的保险购买额度比例也会提升，然而，三个典型家庭农场均商业保险购买额度均不高，进一步强化山东省家庭农场的风险管理。

第二节 政策建议

一、明确金融支持家庭农场发展的基本原则

1. 坚持政府引导与市场化运营相结合的基本原则

家庭农场发展普遍具有农业特有的弱质属性，其生产不稳定，容易受到外部自然灾害的影响，而传统发展的涉农金融机构也无法完全满足家庭农场在金融方面的需求。单纯依靠金融机构来支持家庭农场的发展显然是不够的，还需要政府部门的介入，对其进行引导和帮扶。政府对家庭农场发展的引导主要表现在对相关经济政策的制定、法律法规的明确和相关规章制度的安排上。根据以往一些国家金融支持家庭农场发展的典型实践案例和我国在金融支持家庭农场发展的现状来看，建立以政府部门为引导和帮扶的常态化金融支持家庭农场发展的机制，对我国当前阶段支持家庭农场发展有重要的作用。

已有的经验表明，单纯依靠政府或者市场经济运行都不是最优的决策。政

府部门的行政干预过多，不利于家庭农场在金融支持下的市场化运行，各个相关部门应该明确自己作为引导和助推者的角色定位、职责范围，不断增强和完善其社会公共服务职能和公共管理职能，有效利用市场调控手段对社会资源进行合理配置，为金融支持家庭农场创造良好的市场环境。

2. 坚持风险与收益对等的基本原则

风险和收益的对等性是金融支持家庭农场发展中需要重点解决的问题。金融支持家庭农场发展要坚持风险和收益对等的原则，对可能遭受的风险成本和风险收益进行评估，避免给投资人更大的经济损失。

金融支持家庭农场的发展所投入的成本会因为家庭农场的地理位置、经济风险和经济收益效果等多方因素进行综合评估。与此同时，为了实现金融支持的风险和收益对等的原则，降低金融支持家庭农场发展中的风险，应该充分考虑金融支持家庭农场的投资规模，投资规模过大，超过最优要素配置会造成资源的低效率和浪费，成本的无效增加；另外，也会给家庭农场主带来过高的融资负债，提高主体自身管理的成本。但金融支持对家庭农场发展投资不足也不利于家庭农场的发展。因此，应该根据家庭农场的资金需求、金融服务需求等多种要素进行综合考量，坚持风险和收益对等的原则选择最合适有效的金融支持方式。

3. 坚持保护家庭农场金融权益的基本原则

只有农民的金融权益得到切实的保障，农民的综合实力才能不断变强，家庭农场主才能更积极地参与到金融市场的竞争中去，这才是当前必须重视的问题。现阶段，若要真正实现和贯彻农民金融权益保障的原则，为家庭农场主赢得更多平等的金融资源配置，需要农民从法律层面树立起金融权利保护的平等意识。唯有根据当前我国农村金融市场环境的变化，丰富和完善农民金融权益保护的具体内容，方能不断增强农民的金融权利，帮助家庭农场等农业组织机构获取更多的金融资源配置。

二、健全金融支持家庭农场发展的政策制度

1. 完善农地产权责任制度，明确产权双方的权益关系

农地规模化经营是金融得以支持家庭农场发展的重要前提条件，而要实现农地规模化经营的前提条件是必须完善相关的农地产权责任制度。虽然，当前已经出台了一些法律政策来明确土地产权转移的一些基本内容，例如《中华人

民共和国物权法》（以下简称《物权法》）《中华人民共和国担保法》《中华人民共和国农村土地承包法》等，然而，法律存在的滞后性使得其很难有效保障和解决土地转移过程中存在的问题和纠纷，所以，根据我国的国情来看，最好的方法便是在坚持农村土地集体所有的基础之上去完善和界定农地产权责任制度。土地产权责任制度确定的关键问题在于明确产权双方的权义关系，具体对策如下。

第一，改变原有的农地产权转移模式，统一建立联网的农地产权转移的综合信息服务平台，并且坚持"政府引导＋农民自发"产权转移二者并重的模式。在这种模式下，综合信息服务平台只是担当了中介这一角色，主要负责向双方公开土地的供需信息，并整理成数据统一发布在综合信息服务平台上，政府部门则主要负责为双方提供咨询和沟通的中介服务。通过搭建联网的农地产权转移的综合信息服务平台，能够快速有效、便捷地帮助供需双方进行土地产权的转移，减少因为信息不透明而增加的额外成本。

第二，不断优化土地的管理制度和流程，更加规范合理地审核农地产权转移合同。各地相关政府部门必须对所辖区域的农地产权转移工作有专业化的分工和管理，其中最简单有效的方法就是制定农地产权转移合同。农地产权转移双方更看重的是权利义务是否得到保障和是否享受同等公平的纸质证明及协议，所以，相关政府部门必须在土地产权转移双方权利义务明晰的前提条件下，要求双方签订农地产权转移合同，并进行专业的审核，减少产权双方可能出现的纠纷和矛盾。

在农地产权责任明晰、农产产权转移完善的基础之上，不断推进农地金融化改革，帮助家庭农场等农业经营组织弥补资金不足的困境，解决农业发展过程中的资金缺口。农地金融化的外在表现形式主要是农地质押、农地信托和农地证券化三种主要类型。不同的类型应该在农地金融化改革时采用不同的方法，针对农地质押式的农地金融化改革应该把农村土地承包经营权的质押作为基础条件，建立相关法律法规来规范和明确农地质押的方式和质押权利的界定；针对农地信托的农地金融化改革应该通过法律制度去规范农地信托机构，将农地经营权信托和资信信托统一起来，以商业信托公司为中介实现土地产权的转移；针对农地证券化的金融化改革是实现农地金融发展的重要问题，它主要是把农地作为标的物和资产支撑，广泛吸收民间资本进行证券化的运作。农地金融化的改革可以在投资成本最小的情况下获得更大或是同等的收益，也能方便金融支持家庭农场的发展。

2. 完善农业经营资产抵押融资制度

家庭农场在农业现代化发展的过程中起到了不可替代的关键作用，家庭农场的外在表现形式主要为土地规模化和经营资产集中化。所以，完善农业经营资产相关的抵押融资事项将给金融支持家庭农场发展提供有力的制度保障。

第一，不断完善农业经营资产抵押融资制度。农业经营资产抵押融资制度是为了更加规范资产抵押融资流程。目前我国还没能建立一个系统规范的农业经营资产抵押登记制度。关于农业经营资产抵押登记制度目前只在《物权法》中有相关的一些规定，而与农业相关的农用机械产品、农用生活物品和农作物等都未在《物权法》中做出明确的规定和说明，也没有一个部门将其进行专业化管理并形成统一规范有序的农业经营资产抵押融资登记制度。与此同时，关于农业经营资产的登记和审查流程也应该被规范化，相关部门据此审查某类农业资产是否可用于抵押，抵押融资的相关准备材料是否齐全，所有人是否真正掌握该农业经营资产，从而可以在很大程度上减少抵押融资的风险。因此，应该将《物权法》里农业经营资产抵押融资条款修订得更加完善一些。

第二，不断强化农业经营资产价值评估制度。农业经营资产价值的准确评估是家庭农场能获得多少融资的基础，它关系融资规模以及融资后续的资金分配问题，总而言之，完善农业经营资产价值的评估制度是有利于金融支持家庭农场金融发展的。所以，一方面要不断规范和完善农业经营资产价值的评估制度和程序；另一方面需要不断充实农业经营资产价值评估人才队伍，加强机构建设，确保各项评估工作都能够落地。

三、创新金融支持路径，探索农业众筹模式

1. 不断创新涉农金融产品和服务方式

改善和提升家庭农场的金融服务水平有利于金融支持家庭农场的发展。金融服务主要包含以下六大类：储蓄服务、借贷服务、资产管理服务、证券服务、抵押担保服务和信息咨询服务。当前，我国的家庭农场的金融服务主要包括借贷服务、抵押担保服务、资产管理服务以及信息咨询服务四大类。家庭农场的发展要求金融服务更加多元化地满足其需求，创新农村金融产品种类和金融服务模式已迫在眉睫。本书认为可以根据家庭农场的不同类型设计不同的金融服务方案满足其需求。

2. 发展农业众筹金融服务模式

随着科学技术的不断发展，互联网金融也日趋繁荣。金融支持家庭农场的

发展也需要跟上当前互联网金融发展的趋势和潮流，以互联网金融作为依托发展农业众筹，为金融支持家庭农场发展开辟出了一个新的模式。中央"一号文件"里也提出要大力创新"互联网＋现代农业"的发展模式，而农业众筹刚好与中央"一号文件"精神相契合，它能引导家庭农场规模化、产业化和集约化发展，促使互联网金融和农业产业融合发展。

与传统的金融服务模式比较而言，农业众筹金融服务模式应用在家庭农场上最大的优势，在于通过互联网平台把众筹项目集中在线上运营可以大大提升农业资源配置的效率，促进农业产业与金融资金的融合。只要家庭农场发布的产品、服务得到出资人认可，就可以将其上线的农业项目与出资人有效对接，为出资人挑选高质量农业项目的同时，也拓宽了农业项目的融资渠道，同时，农业众筹平台只是作为信息服务的中介平台，它的收益主要来源于农业筹资者和投资者在该平台进行交易时所支付的手续费和信息增值服务费，相对于传统的金融机构，该平台的成本和风险都会更低。

农业众筹金融服务模式可以充分利用当前的互联网和物联网等高科技技术，充分优化和调节农业金融供给结构，有效解决农民和土地之间存在的问题。一方面，股权型农业众筹金融模式逐渐兴起，家庭农场为了获得融资不再简单地依赖于其土地和衍生物进行抵押融资，而是可以把土地使用权和企业股权作为抵押担保物，拓宽了家庭农场融资渠道。另一方面，农业众筹的金融服务模式可以充分运用其便捷性服务于现代农业发展过程中所需要的各种条件，包括资金、技术和市场等，最终通过农业众筹平台进行信息交换达到资源的有效整合。

第三节　研究展望

在工业化和城镇化的时代背景下，家庭农场的诞生是实现规模化经营的必然产物，这对于促进我国加快构建国家现代农业技术产业发展体系、生产管理体系、经营管理体系，对于推动我国乡村农业振兴都具有十分重要的意义。当前，我国家庭农场仍然处于方兴未艾的发展阶段，因此，本研究只能建立在已有的基础理论和具体实践之上，展望家庭农场金融支持问题的未来研究，本书认为在基础理论和实证研究方面均尚有非常大的发展空间。

首先，从金融理论基础研究的角度而言，我国特殊的农村经济社会发展历史轨迹已经决定了对于当前家庭农场培育的金融支持问题研究需要建立在一个充分考虑所有现实制度的理论基础之上。由于我国特殊的农业生产经营管理制度、农村土地产权制度体系以及农村金融理论发展状况，本书所提出的家庭农场金融支持研究框架只是基于考虑现有现实国情的一种尝试，主要将家庭农场从投资行为、融资约束、金融供给三个方面进行理论研究。

其次，由于目前我国家庭农场金融支持体系构建还处于初级阶段，而家庭农场融资约束问题是一个复杂而庞大的经济系统，受限于研究时间和工作精力，本书没有对家庭农场调研样本的规模大小和生产类型进行区分性研究，没有对其他省份家庭农场进行差异性的比较。未来伴随我国农业生产经营管理制度、农村土地产权制度、金融体系的不断变迁，相关的金融支持理论研究一定也会不断产生，这些还需要学界进一步补充研究，以便充实和改进完善本书的理论研究。

最后，无论是从实际案例数据资料方面，还是从统计数据资料分析层面，关于家庭农场方面的数据资料仍然较为匮乏，这对于全面的、系统的、精准的理论分析，对于研究结论的获得都会造成不利影响。由于数据获取难度较大，本书仅对金融机构的信贷业务和保险业务进行了相关分析，对影响家庭农场的其他金融业务模式如信托、租赁、担保等还没有单独进行探讨，本书期待后续研究能够在此方面不断进行补充、整理和完善，以有效弥补本书研究存在的不足。本书认为通过对现代农业生产经营管理体系、现代农村土地产权制度以及现代农村金融体系的综合改革，使得农村金融服务创新与家庭农场培育有效协同，促进二者的融合发展，从而促使家庭农场成为新型农业生产经营体系的主要参与者、实践者，最终实现我国乡村经济发展振兴和全面建成小康社会的奋斗目标。

参考文献

蔡元杰，2013. 构建富有效率的新型农业经营体系 [J]. 农村工作通讯 (9)：41 – 42.

蔡元杰，2018. 经营主体降成本提效益须多处着力——浙江新型农业经营主体农业生产经营成本现状调查 [J]. 农村经营管理 (4)：24 – 27.

曹蕾，周朝宁，王翌秋，2019. 农机保险支付意愿及制度优化设计 [J]. 农业技术经济 (11)：29 – 44.

曹瓅，罗剑朝，2015. 农村土地承包经营权抵押贷款供给效果评估——基于农户收入差距的视角 [J]. 南京农业大学学报 (社会科学版) (5)：114 – 122，141.

曹文杰，2014. 基于 DEA – Tobit 模型的山东省家庭农场经营效率及影响因素分析 [J]. 山东农业科学 (12)：133 – 137.

曹燕子，罗剑朝，张颖，2018. 家庭农场主贷款满意度影响因素研究——以河南省 305 个家庭农场为例 [J]. 西北农林科技大学学报 (社会科学版) (1)：41 – 49.

陈辉，2013. 论金融工具计量与我国财务报告改进——基于国际金融工具准则修订之探讨 [J]. 宏观经济研究 (4)：10 – 13，27.

陈鸣，刘增金，2018. 金融支持对家庭农场经营绩效的影响研究 [J]. 资源开发与市场 (6)：819 – 824，867.

陈五湖，印笋，2014. 促进农业保险和家庭农场互动发展 [J]. 农村经营管理 (4)：36 – 37.

邓道才，唐凯旋，王长军，2016. 家庭农场借贷需求和借贷行为的影响因素研究——基于安徽省 168 户家庭农场的调研数据 [J]. 宁夏社会科学 (4)：96 – 104.

丁忠民，玉国华，许属琴，2016. 农村产权抵押融资视阈下金融机构风险生成机理 [J]. 农村经济 (9)：3 – 7.

丁忠民，玉国华，王定祥，2017. 土地租赁、金融可得性与农民收入增长——基于 CHFS 的经验 [J]. 农业技术经济 (4)：63 – 75.

付武临，陈宇，2014. 新型农业经营主体发展的融资困局 [J]. 金融博览 (11)：54.

高玲玲，周华东，周亚虹，2018. "直接财富效应" 抑或 "抵押担保效应" ——对中国自有住房家庭 "财富效应" 传导途径的实证检验 [J]. 经济科学 (6)：81 – 92.

何劲，祁春节，2017. 中外家庭农场经营绩效评价比较与借鉴——基于湖北省武汉市家庭农场经营绩效评价体系构建 [J]. 世界农业 (11)：34 – 39，178.

黄红光，白彩全，易行，2018. 金融排斥、农业科技投入与农业经济发展 [J]. 管理世界
　　（9）：67 - 78.

黄惠春，祁艳，2015. 农户农地抵押贷款需求研究——基于农村区域经济差异的视角 [J].
　　农业经济问题（10）：11 - 19，110.

胡光志，陈雪，2015. 以家庭农场发展我国生态农业的法律对策探讨 [J]. 中国软科学
　　（2）：13 - 21.

姜丽丽，仝爱华，2017. 家庭农场信贷需求及信贷约束影响因素的实证分析——基于宿迁
　　市宿城区 306 家家庭农场的调查 [J]. 农村金融研究（7）：72 - 76.

姜岩，李扬，2012. 政府补贴、风险管理与农业保险参保行为——基于江苏省农户调查数
　　据的实证分析 [J]. 农业技术经济（10）：65 - 72.

康远品，2015. 贵州省家庭农场金融服务困境及优化路径研究 [J]. 农村经济与科技
　　（11）：107 - 109.

靳淑平，王济民，2017. 规模农户信贷资金需求现状及影响因素分析 [J]. 农业经济问题
　　（8）：52 - 58，111.

孔令成，郑少锋，2016. 家庭农场的经营效率及适度规模——基于松江模式的 DEA 模型分
　　析 [J]. 西北农林科技大学学报（社会科学版）（5）：107 - 118.

兰勇，周孟亮，易朝辉，2015. 我国家庭农场金融支持研究 [J]. 农业技术经济（6）：
　　48 - 56.

李博文，姚思彦，2014. 家庭农场经营中的风险及防控措施 [J]. 北方经贸（8）：41.

李明慧，陈盛伟，2017. 家庭农场对金融机构金融支持的满意度分析——基于山东省 411
　　户家庭农场的调查研究 [J]. 山东农业科学（10）：161 - 167.

李绍亭，周霞，周玉玺，2019. 家庭农场经营效率及其差异分析——基于山东 234 个示范
　　家庭农场的调查 [J]. 中国农业资源与区划（6）：191 - 198.

李涛，梁晶，2019. 农村合作金融对农业经济增长影响的实证检验 [J]. 统计与决策
　　（7）：166 - 169.

梁虎，罗剑朝，2019. 农地抵押贷款参与、农户增收与家庭劳动力转移 [J]. 改革（3）：
　　106 - 117.

林乐芬，俞泺曦，2016. 家庭农场对农地经营权抵押贷款潜在需求及影响因素研究——基
　　于江苏 191 个非试点村的调查 [J]. 南京农业大学学报（社会科学版）（1）：71 -
　　81，164.

刘金全，徐宁，刘达禹，2016. 农村金融发展对农业经济增长影响机制的迁移性检验——
　　基于 PLSTR 模型的实证研究 [J]. 南京农业大学学报（社会科学版）（2）：134 -
　　143，156.

刘丽伟，高中理，2015. "互联网＋"促进农业经济发展方式转变的路径研究——基于农
　　业产业链视角 [J]. 世界农业（12）：18 - 23.

路征，黄登清，李丽，林毅，吴振宇，2016. 我国家庭农场发展特征及其金融需求状况分析——基于对3市424个家庭农场的入户调查 [J]. 农村金融研究（12）：59-64.

罗兴，马九杰2017. 不同土地流转模式下的农地经营权抵押属性比较 [J]. 农业经济问题（2）：22-32，1.

马涛，2014. 金融负债和权益工具区分问题研究 [D]. 北京：财政部财政科学研究所.

马九杰，崔恒瑜，吴本健，2020. 政策性农业保险推广对农民收入的增进效应与作用路径解析——对渐进性试点的准自然实验研究 [J]. 保险研究（2）：3-18.

牛晓冬，罗剑朝，牛晓琴，2017. 农户分化、农地经营权抵押融资与农户福利——基于陕西与宁夏农户调查数据验证 [J]. 财贸研究（7）：21-35.

潘素梅，周立，2015. 家庭农场的融资问题与金融支持 [J]. 中国物价（12）：42-44.

邵川，2019. 农村普惠金融的可持续发展研究——从新型农业经营主体金融需求的视角 [J]. 社会科学动态（9）：43-49.

陶虹伶，2018. 金融负债与权益工具的区分问题研究 [D]. 西安：长安大学.

仝爱华，姜丽丽，2015. 金融支持种植型家庭农场发展情况的调查研究——基于宿迁市宿城区的调查分析 [J]. 西南金融（1）：73-76.

王春来，2014. 发展家庭农场的三个关键问题探讨 [J]. 农业经济问题（1）：43-48.

王建洪，王定祥，张彩吉，2018. 新型农业经营主体的金融服务短缺与供给绩效研究 [J]. 西南科技大学学报（哲学社会科学版）（5）：58-65.

王睿，周应恒，2019. 乡村振兴战略视阈下新型农业经营主体金融扶持研究 [J]. 经济问题（3）：95-103.

王霞，2012. 国际财务报告准则修订评析与前瞻——以金融工具、合并报表和收入准则为例 [J]. 会计研究（4）：8-13.

王欣婷，车国滨，龚晨航，2017. 互联网金融下家庭农场融资模式创新探究 [J]. 中国市场（23）：29-31.

王亦明，王粹月，冯利民，2016. 农业众筹：破解家庭农场融资困境新模式 [J]. 农村金融研究（8）：69-72.

王月梅，2016. 成都市家庭农场之金融支持研究 [D]. 成都：四川农业大学.

王勇，张伟，罗向明，2016. 基于农业保险保单抵押的家庭农场融资机制创新研究 [J]. 保险研究（2）：107-119.

王照涵，2016. 家庭农场发展中金融支持研究 [D]. 成都：西南财经大学.

汪险生，郭忠兴，2014. 土地承包经营权抵押贷款：两权分离及运行机理——基于对江苏新沂市与宁夏同心县的考察 [J]. 经济学家（4）：49-60.

汪洋，2016. 杭州市发展家庭农场的金融支持研究 [D]. 成都：四川农业大学.

魏权龄，岳明，1989. DEA概论与C2R模型——数据包络分析（一）[J]. 系统工程理论与实践（1）：58-69.

温涛，朱炯，王小华，2016．中国农贷的"精英俘获"机制：贫困县与非贫困县的分层比较［J］．经济研究（2）：111－125．

吴成浩，2019．河南省培育新型农业经营主体的金融政策研究［J］．金融理论与实践（8）：100－105．

吴晓灵，2019．金融工具法律关系存四大争议［N］．中国银行保险报，2019－11－07（5）．

肖卫东，张宝辉，贺畅，杜志雄，2013．公共财政补贴农业保险：国际经验与中国实践［J］．中国农村经济（7）：13－23．

衣莉芹，2021．农业会展经济影响路径、机理与效应研究［M］．北京：知识产权出版社．

尹成杰，2015．关于推进农业保险创新发展的理性思考［J］．农业经济问题（6）：4－8．

袁纯清，1998．金融共生理论与城市商业银行改革［M］．北京：商务印书馆．

苑美琪，陶建平，2019．基于EEMD视角的农业保险与农业信贷互动绩效——以山东省为例［J］．中国农业大学学报（7）：223－232．

张海军，2019．我国农业保险高质量发展的内涵与推进路径［J］．保险研究（12）：3－9．

张珩，罗剑朝，王磊玲，2018．农地经营权抵押贷款对农户收入的影响及模式差异：实证与解释［J］．中国农村经济（9）：79－93．

张乐，黄斌全，曹静，2016．制度约束下的农村金融发展与农业经济增长［J］．农业技术经济（4）：71－83．

张龙耀，王梦珺，刘俊杰，2015．农地产权制度改革对农村金融市场的影响——机制与微观证据［J］．中国农村经济（12）：14－30．

张玄，冉光和，蓝震森，2017．金融集聚与区域民营经济成长——基于面板误差修正模型和门槛模型的实证［J］．经济问题探索（1）：128－138．

张伟，高翔，2019．如何做好家庭农场的金融支持——以法库县东润泽家庭农场为例［J］．银行家（7）：136－137．

周孟亮，陈婷慧，2015．家庭农场金融支持存在的问题与对策研究——基于湖南省临武县的调研［J］．经济论坛（9）：64－68．

周南，许玉韫，刘俊杰，张龙耀，2019．农地确权、农地抵押与农户信贷可得性——来自农村改革试验区准实验的研究［J］．中国农村经济（11）：51－68．

赵久爽，2015．家庭农场金融服务需求特征、存在的问题及政策建议——基于对常德市25户家庭农场的调查与分析［J］．金融经济（12）：206－208．

赵金国，岳书铭，2017．粮食类家庭农场：规模效率实现及其适度规模界定［J］．东岳论丛（4）：128－134．

朱炯，2016．中国农贷市场的"精英俘获"问题研究［D］．重庆：西南大学．

朱兰，2013．"家庭农场"模式下农户融资的反贫困效应理论分析［J］．中南财经政法大学研究生学报（6）：56－60．

ASHOK M，HUNG－HAO C，ASHOK K，MICHAEL L et al．，2011．Agricultural policy and its impact on fuel usage: empirical evidence from farm household analysis [J]. Applied energy, 88 (1): 348 –353.

BANKER D, CHARNES A, COOPER W W, 1984. Some models for estimating technical and scale inefficiencies in data envelopment analysis [J]. Management science, 30 (9): 1078 –1092.

BJORK H, 2012. Exploring the sociology of agriculture: family farmers in Norway – future or past food producers? [M] //ERASGA D. Socio – logical landscape – theories, realities and trends. Rijeka: InTech: 283 –304.

CHAFFIN R, 2004. Stealing the family farm: tortious interference with inheritance [J]. San Joaquin agricultural law review, 14 (1): 73 –96.

CHARNES A, COOPER W, RHODES E, 1978. Measuring the efficiency of decision making units [J]. European journal of operation research, 2 (6): 429 –444.

DUFHUES T, BUCHENRIEDER G, 2005. Outreach of credit institutes and households' access constraints to formal credit in northern Vietnam [J]. Discussion paper No. 01 research in development economics & policy (8) : 32 –33.

ERDOGAN G, OSMAN O O, MOVASSAGHI H, 2016. Factors affecting Turkish farmers' satisfaction with agricultural credit [J]. International journal of research studies in agricultural sciences, 2 (6): 33 –44.

FOLTZ D, 2004. Credit market access and profitability in Tunisian agriculture [J]. Agricultural economics, 30 (3): 229 –240.

HUFFMAN E, 2015. Farm family response to a negative income tax: discussion [J]. American journal of agricultural economics, 24 (1): 73 –90.

KARLAN D, DSEI R, OSEIAKOTO D, et al. , 2014. Agricultural decisions after relaxing credit and risk constraints [J]. The quarterly journal of economics, 129 (2) : 597 –652.

KROPP D, WHITAKER B, 2011. The impact of decoupled payments on the cost of operating capital [J]. Agricultural finance review, 71 (3): 25 –40.

LANGFORD L, 2019. Capitalizing the farm family entrepreneur: negotiating private equity partnerships in Australia [J]. Routledge, 50 (4) : 70 –86.

MOHAMMED I, AZIZ B, OGUNBADO F, 2017. The effect of farm credit and farm produce in Kano State Nigeria [J]. International journal of innovative knowledge concepts, 3 (1). 41 –45.

NGARUKO D, 2014. Determinants of demand and repayment of farm credit in economies with market coordination failures: a Tanzanian context [J]. African journal of economic review, 2 (2): 95 –124.

PERIS M, 2014. Demographic statistics, customer satisfaction and retention: the Kenyan banking industry [J]. Journal of business and economics, 5 (11): 2105 – 2118.

REID C, MARGARET G, 2017. Some factors affecting improvement in Iowa farm family housing [J]. African journal of economic review, 4 (3): 91 – 104.

STAMATIS A, SPYRIDON M, KONSTADINOS S, 2012. Farmers´ satisfaction with agricultural credit: the case of Greece [J]. Acta agricultural Scandinavia, 8 (4): 233 – 242.

SUMNER A, 2014. American farms keep growing: size, productivity, and policy [J]. Journal of economic perspectives, 28 (1): 147 – 66.

TESFAMARIAM K, 2012. Management of savings and credit cooperatives from the perspective of outreach and sustainability: evidence from southern Tigrai of Ethiopia [J]. Research journal of finance & accounting, 2 (7): 28 – 47.

THOMPSON W, MISHRA K, DEWBRE J, 2009. Farm household income and transfer efficiency: a evaluation of United States farm program payments [J]. American journal of agricultural economics, 91 (5): 1296 – 1301.

VIAGGI D, RAGGI M, PALOMA Y, 2010. An integer programming dynamic farm – household model to evaluate the impact of agricultural policy reforms on farm investment behaviour [J]. European journal of operational research, 207 (2): 1130 – 1139.

ZIMMERMANN A, HECKELEI T, DOMINGUEZ P, 2009. Modelling farm structural change for integrated exante assessment: review of methods and determinants [J]. Environmental science & policy, 12 (5): 601 – 618.

附录 A　家庭农场示范场评估调查问卷 A

本调查问卷系为开展"山东省家庭农场省级示范场申报认定及监测"工作设计，请家庭农场主务须认真、如实填写。各位农场主必须在评估组到达前填写完毕，以备评估组现场检查并实地核对。

填写说明：

第一，在收到电子版后用 A4 纸打印出来填写，个别不理解的问题可以咨询评估组；

第二，选择题，直接在选项上打"√"，保证能够辨识，多选题都已经标注，其余选择题均为单选题；

第三，填写时请注意数量单位。

调查地区：＿＿＿＿市＿＿＿＿县＿＿＿＿乡（镇）＿＿＿＿村

填写日期：＿＿＿＿＿＿＿＿　　家庭农场名称：＿＿＿＿＿＿＿＿

农场主姓名：＿＿＿＿＿＿＿　　农场主手机号：＿＿＿＿＿＿＿

农场主微信号：＿＿＿＿＿＿　　农场主 QQ：＿＿＿＿＿＿＿

A. 农场主及家庭特征

A1. 农场主性别：

1. 男　2. 女

A2. 农场主年龄：＿＿＿＿＿＿岁

A3. 农场主受教育程度：

1. 小学及以下　2. 初中　3. 高中或中专　4. 大专　5. 本科及以上

A4. 农场主的政治面貌：　1. 中共党员　2. 民主党派　3. 群众

A5. 农场主的户口在＿＿＿＿＿＿？

1. 本村　2. 外村本镇　3. 外镇本县　4. 外县本市　5. 外市本省

6. 外省

A6. 农场主是否有以下经历（可多选）：

1. 村干部　2. 政府工作人员　3. 企业管理人员　4. 农业科技人员

5. 私营企业主　6. 个体经营户　7. 外出务工　8. 参军　9. 其他社会团体负责人

A7. 是否有家庭成员或亲戚朋友在政府部门工作？

1. 是　2. 否

A8. 家庭共几口人？_____人，其中大于 70 岁的_____人，小于 16 岁的_____人

A9. 农场主经营管理学习情况（可多选）：

1. 经常看农经报刊　2. 经常看农经频道　3. 经常咨询技术人员

4. 很少学习农经知识　5. 靠经验　6. 靠感觉

A10. 过去一年，农场主上网（包括手机上网）的频率：

1. 每天　2. 一周数次　3. 一月数次　4. 一年数次或更少　5. 从不

A11. 上网主要是（可多选）：

1. 获取信息/技术　2. 购买生活用品　3. 购买农资　4. 销售农产品

5. 进行宣传　6. 融资　7. 其他_____

A12. 您认为您的家庭农场可以经营多少年？

1. 5 年　2. 6～10 年　3. 11～15 年　4. 16～20 年　5. 21～25 年

6. 26～30 年　7. 31～35 年　8. 36～40 年　9. 40 年以上

B. 家庭农场基础条件

B1. 家庭农场的经营范围有哪些？

1. 纯种植　2. 纯养殖　3. 种养结合　4. 种植兼休闲

5. 养殖兼休闲　6. 种养兼休闲

B2. 2018 年家庭农场劳动力情况：

（1）参与家庭农场劳动劳动人数有_____人，分别是您的_____（可多选）

①配偶　②子女　③儿媳/女婿　④父母或公婆　⑤祖父母

⑥孙子女　⑦兄弟姐妹　⑧其他_____

（2）2018 年长期雇工_____人（每年超过半年都在此工作，具有稳定雇用关系的雇工）

（3）2018 年，您家雇用的长工平均每人每月发放的酬金是_____元/月

（4）2018 年短期雇工（农忙时节临时招募的雇工）共_____个工（一

人干一天为一个工）

（5）2018 年，您家雇用的短工平均每人每天发放的酬金是＿＿＿＿＿＿＿元/天

（6）单次临时最多雇用劳动力数＿＿＿＿＿＿＿人

（7）全年共支付劳动力费用＿＿＿＿＿＿＿万元

B3. 目前，家庭农场有哪些农用机械？（可多选）

1. 拖拉机或农用车　2. 耕地机　3. 播种机　4. 除草机　5. 喷药机

6. 抽水机　7. 收割机　8. 脱粒机　9. 开沟机　10. 插秧机　11. 碾米机

12. 饲料粉碎机　13. 烘干机　14. 农残检查设备　15. 杀虫设备

16. 其他＿＿＿＿＿＿＿

其中，5 万元以上的农机具＿＿＿＿＿＿＿台，比 2016 年增加了＿＿＿＿＿＿＿台；

10 万元以上的农机具＿＿＿＿＿＿＿台，比 2016 年增加了＿＿＿＿＿＿＿台

B4. 所有的农用机械一共值＿＿＿＿＿＿＿万元

B5. 目前，家庭农场有哪些农业经营设施？（可多选）

1. 冷库或仓库　2. 烘干室　3. 晾晒场　4. 禽畜棚舍　5. 塑料大棚

6. 农机库棚　7. 办公设施　8. 废弃物处理设施　9. 加工场所

10. 其他＿＿＿＿＿＿＿

B6. 所有的农用设施一共值＿＿＿＿＿＿＿万元

B7. 目前，农场经营土地总面积＿＿＿＿＿＿＿亩，耕地面积＿＿＿＿＿＿＿亩，耕地共＿＿＿＿＿＿＿块；自有土地＿＿＿＿＿＿＿亩，转入土地＿＿＿＿＿＿＿亩；2016 年农场经营土地总面积＿＿＿＿＿＿＿亩

B8. 农场租入土地情况（如果多次租入，请分列填写；结合查看土地流转合同）：

哪一年租入？			
租入面积（亩）			
其中多少亩来自农户？（注：非来自村集体）			
租入土地来自多少户？			
转入方式（1. 直接与其他村民协商转入；2. 通过村委会转入；3. 通过农村产权交易市场转入；4. 其他，请注明）（将括号中选项序号填入右侧）			

是否签订合同（1. 是　2. 否）			
租期（年）			
每年每亩租金（元/亩）			
合同期内流转价格是否变动（1. 是　2. 否）			

B9. 农场是否加入了合作社？

1. 是，合作社名称为_____　　2. 否

B10.（如果加入合作社请填写该题）加入的合作社的规模为_____户；农场在合作社中的角色为：

1. 合作社成员　　2. 合作社领办人

C. 2018 年家庭农场成本收益情况

C1. 2018 年各种粮食作物种植面积及成本收益情况（未种植粮食的不用填写）：

品种				
种植面积（亩）				
每亩产量（斤）				
销售单价（元/斤）				
亩均总成本（元/亩）				

C2. 2018 年粮食作物全年总成本_____万元，全年毛收入_____万元，全年纯收入_____万

C3.（未种植的不用填写）大棚种植_____亩，果树种植_____亩，茶叶种植_____亩，花卉苗木种植_____亩，烟草种植_____亩，中草药种植_____亩，其他_____亩

C4. 2018 年禽畜养殖规模及成本收益情况（未从事养殖的不用填写）：

品种	年出栏数	现存栏数	年总收入（元）	年总成本（元）

C5. 2018 年农场获得的政府补贴共＿＿＿＿＿万元，2017 年获得的政府补贴共＿＿＿＿＿万元

C6. 2018 年家庭农场总成本＿＿＿＿＿万元，毛收入＿＿＿＿＿万元，纯收入＿＿＿＿＿万元。其中，种植业纯收入＿＿＿＿＿万元，养殖业纯收入＿＿＿＿＿万元，其他纯收入＿＿＿＿＿万元

D. 经营需求与服务

D1. 农场在经营过程中面临的最大困难是＿＿＿＿＿，其次是＿＿＿＿＿，再次是＿＿＿＿＿

1. 产品销售渠道窄　2. 自然风险大　3. 市场风险高　4. 经营管理人才缺乏

5. 农业技术缺乏　6. 农机具缺乏　7. 缺少资金　8. 土地转入难

9. 市场信息缺乏　10. 交通运输不便　11. 水利设施差

12. 其他＿＿＿＿＿

D2. 当前农场最需要的农业社会化服务是＿＿＿＿＿，其次是＿＿＿＿＿，再次是＿＿＿＿＿

1. 信息服务　2. 贷款服务　3. 保险服务　4. 自然灾害预防

5. 病虫害防治　6. 农机服务　7. 农业技术指导　8. 防疫服务

9. 产品加工服务　10. 产品销售服务　11. 其他＿＿＿＿＿

D3. 农场为周边农户提供过以下哪些服务？（可多选）

1. 信息服务　2. 技术服务　3. 贷款或担保服务　4. 农机服务

5. 产品加工服务　6. 产品销售服务　7. 防疫服务　8. 农资购买服务

9. 提供基础设施、教育、卫生等公共品　10. 其他＿＿＿＿＿

E. 农地政策及认知

E1. 农场主户口所在村是否进行了农地确权？

1. 是，确权时间是＿＿＿＿＿年　2. 否　3. 不清楚

E2. 农场主自家地是否已经领到了新的土地承包经营权证？

1. 是，领取的时间是＿＿＿＿＿年（不清楚的请填写证书上日期）　2. 否

E3. 您周围是否发生过农地流转纠纷：

1. 是　2. 否　3. 不清楚

E4. 您所在乡镇有没有农村产权交易中心（或农地流转信息平台）：

1. 有　2. 没有　3. 不清楚

E5. 您认为是否可以用农地进行抵押贷款：

1. 自家地可以，租入的不可以　2. 都可以　3. 都不可以　4. 不清楚

E6. 您认为是否可以将自家地折价入股（合作社或企业等）：

1. 可以　2. 不可以　3. 不清楚

E7. 农地确权后，您认为租给您农地的农户：

（1）违约要回土地的可能性：

1. 很小　2. 比较小　3. 说不准　4. 比较大　5. 很大

（2）要求提高租金的可能性：

1. 很小　2. 比较小　3. 说不准　4. 比较大　5. 很大

（3）干预土地使用的可能性：

1. 很小　2. 比较小　3. 说不准　4. 比较大　5. 很大

E8. 农地确权后，您认为经营多少亩地比较合适？

1. 20 亩以下　2.［20－50）亩　3.［50－100）亩　4.［100－150）亩

5.［150－200）亩　6.［200－300）亩　7.［300－400）亩

8.［400－500）亩　9. 500 亩及以上

E9. 您对下列说法的同意程度如何？

（1）农地确权后，您更愿意租入农地：

1. 不同意　2. 说不准　3. 同意

（2）农地确权后，您更愿意长时间租入农地：

1. 不同意　2. 说不准　3. 同意

（3）农地确权后，您愿意以略高价格租入农地：

1. 不同意　2. 说不准　3. 同意

F. 贷款情况

F1. 家庭农场经营资金的来源包括（可多选）：

1. 自有资金　2. 亲友借款　3. 银行（或信用社）贷款

4. 民间金融组织　5. 网络平台借贷

6. 政府支农资金　7. 资金互助社　8. 其他_____

F2. 目前家庭农场贷款难易如何？

1. 很困难　2. 比较困难　3. 说不准　4. 比较容易　5. 很容易

F3. 农场从银行/信用社贷款情况（如为多笔贷款，请分列填写）：

申请过何种形式的贷款（1. 未申请过；2. 信用贷款；3. 土地经营权抵押担保贷款；4. 宅基地抵押；5. 房产抵押；6. 农业设施抵押贷款；7. 大型农机抵押；8. 质押贷款；9. 其他，请注明）（将括号中选项序号填入右侧表格中）			
打算借款用途（可多选）（1. 支付农地租金 2. 设施投资 3. 购买农机 4. 购买农资 5. 其他，请注明）			
是否得到了足额的贷款（1. 是 2. 得到部分贷款 3. 没有得到贷款）			
提供贷款的银行（1. 农村商业银行或农村信用社 2. 中国农业银行 3. 邮政储蓄银行 4. 中国农业发展银行 5. 其他，请注明）			
这笔贷款是哪一年贷的？			
得到的贷款金额（万元）			
贷款期限多久（月）			
贷款得到政府何种支持（1. 未得到支持 2. 贷款贴息 3. 提供担保 4. 其他，请注明）			

F4. 农地确权后，您认为您获得土地经营权抵押担保贷款的难易程度如何？

1. 很困难　 2. 比较困难　 3. 说不准　 4. 比较容易　 5. 很容易

F5. 农地确权后，您认为通过土地经营权抵押担保能满足您的资金需求吗？

1. 不能满足　 2. 能满足一小部分　 3. 能满足一半　 4. 能满足一大部分

5. 能完全满足

F6. 在现有利率下，您是否愿意从银行或信用社贷款？

1. 是　　 2. 否

F7. 相比民间借款，向银行/信用社申请借款的原因是？

1. 利率低　 2. 不用欠人情　 3. 有抵押担保　 4. 在银行有熟人

5. 从民间借款不能满足

F8. 您贷款时希望用何抵押？

1. 房屋　 2. 农地　 3. 牲畜　 4. 农机　 5. 保险　 6. 其他_____

F9. 您贷款时最希望得到哪方面支持？

1. 放宽抵押/担保要求　 2. 扩大贷款金额　 3. 延长贷款期限

4. 降低利率 5. 其他：_____

F10. 您期望的贷款方式是？

1. 信用贷款　 2. 担保贷款　 3. 抵押贷款　 4. 质押贷款

G. 农业保险情况

G1. 您最近几年缴纳的农业保险保费是多少？（注：保险对象填写参保农作物/牲畜，并按照重要程度排序）

排序	对象	2008 年	2009 年	2010 年	2011 年	2012 年	2013 年	2014 年	2015 年	2016 年	2017 年	2018 年
1												
2												
3												

G2. 您最近几年的农业保险赔付金额大约是多少？（注：同 G1）

排序	对象	2008 年	2009 年	2010 年	2011 年	2012 年	2013 年	2014 年	2015 年	2016 年	2017 年	2018 年
1												
2												
3												

G3. 影响您农作物收入的主要风险来源是_____，您更倾向于农业保险保障您的_____。

1. 气象灾害 2. 病害 3. 虫害 4. 价格风险 5. 其他风险：_____

G4. 目前您对农业保险的需求是？

1. 无需求 2. 有一小部分需求 3. 有一半需求 4. 有一大部分需求

5. 完全需求

附录 B　家庭农场示范场评估调查问卷 B

本调查问卷系为开展"山东省家庭农场省级示范场申报认定及监测"工作设计，请家庭农场主积极配合调查，农场主的配合程度会纳入评估。

调查地区：_____市_____县_____乡（镇）_____村

填写日期：_____ 家庭农场名称：_____

农场主姓名：_____ 农场主手机号：_____

H1. 农场主接受过什么级别的培训？

1. 未接受过培训　2. 县级　3. 市级　4. 省级（出示证据）

H2. 农场主经常登录下列哪些系统？（可多选）

1. 家庭农场直报系统　2. 家庭农场名录系统　3. 均不经常登录

H3. 家庭农场是否有技术人员指导？

1. 本农场有　2. 临时聘请　3. 无

H4. 是否帮扶贫困户？

1. 是，帮扶_____户_____人，使帮扶对象人均收入年增长_____元　2. 否

H5. 是否申请过农地抵押贷款？

1. 是，金额。为_____万元　2. 否，请选择原因_____（可多选）

1. 没有资金需求　2. 其他途径可获得资金　3. 利息太高　4. 手续麻烦

5. 担心还不上　6. 银行未有此业务　7. 不知道如何申请

8. 即使申请了也得不到　9. 其他_____

H6. 家庭农场经营模式为：

1. 单干　2. 家庭农场＋合作社　3. 家庭农场＋农业企业

4. 家庭农场＋合作社＋农业企业

5. 家庭农场＋销售平台（超市、社区等）

6. 其他：_____（注：加入某类主体或者与其建立长期稳定的契约关系）

H7. 采用的农产品销售方式有（可多选）：

·185·

1. 合作社统一销售　2. 企业收购　3. 自己到市场销售　4. 卖给超市

5. 网上销售　6. 中间商贩收购　7. 政府收购/卖给粮库

8. 其他：_____

H8. 家庭农场收益比普通农户收益表现情况？（可多选）：

1. 成本降低　2. 产量提高　3. 售价提高　4. 家庭收入提高

H9.（询问种粮食的家庭农场）家庭农场种粮食每亩纯收入_____元，周围农户每亩收入_____元

H10. 您还希望政府出台哪些配套/优惠/补贴政策？（如贷款贴息、基础设施建设和维护、保险补贴或优惠、土地流转扶持等）

_____

_____

H11. 您认为您的家庭农场还有那些特色或优势？（可作为加分项，要能确认）

_____

_____

H12. 家庭农场生产的产品是否能实现原产地可追溯？

1. 能（出示证据）　2. 不能

H13.（种植业回答）

（1）农场是否采用了测土配方施肥？

1. 是（出示证据）　2. 否

（2）农场对农药使用是否有严格准确的记录？

1. 有（请附证据）　2. 没有

（3）农场是否采用了节水灌溉技术？

1. 是（请附照片）　2. 否

（4）农场在哪些农业生产经营环节使用了农业机械？（可多选）

1. 耕地　2. 开沟　3. 播种　4. 除草　5. 打药　6. 施肥　7. 收获　8. 其他：_____

H14.（养殖业回答）

畜禽粪便是如何处理的？_____（请附照片）

H15. 实地查看仓库、晾晒场、农机具库棚及家庭农场的特色设施（请附照片）

H16. 实地查看大型农机具及先进的农机具（请附照片）